Katrin Hanses

Betonbau

Katrin Hanses

Betonbau

BIRKHÄUSER
BASEL

Inhalt

Vorwort

Als monolithisches, gegossenes Material mit hoher Tragkraft wird Beton in vielen Bereichen im Bauwesen genutzt. In der Verbindung mit Stahlbewehrungen kann Stahlbeton große Spannweiten überbrücken und ist sehr widerstandsfähig. Mit Hilfe von unterschiedlichen Schalelementen und Zuschlägen lassen sich verschiedenste Oberflächen in Farbe und Struktur herstellen. Gute Kenntnisse dieses Baustoffs, seiner Eigenschaften und seines Herstellungsprozesses sind unerlässlich für den kreativen Schaffensprozess von Architekten.

Stahlbeton ist in der Architektur und im Bauwesen ein langfristig erprobter und in breiter Masse eingesetzter Baustoff. Beton hat über viele Generationen von Architekten immer wieder neue und kreative Einsatzmöglichkeiten erfahren. In den letzten Jahren sind durch innovative Bewehrungselemente und Verarbeitungsmethoden deutliche Fortschritte im Betonbau erzielt worden, sodass die Vielfalt des Baustoffes erheblich vergrößert wurde und neue Einsatzfelder entwickelt werden können.

Der vorliegende Band *Basics Betonbau* setzt hier an und vermittelt dem Leser ein Verständnis für die besonderen Eigenschaften von Beton und die konstruktiven Möglichkeiten, die der Baustoff bietet. Über den Wissensaufbau vom Baustoff über die Eigenarten der Herstellung von Betonbauteilen bis hin zu baukonstruktiven Anschlüssen versetzt er Architekturstudenten in die Lage, selbst über kreative Lösungen nachzudenken und neue baukonstruktive Ansätze zu entwickeln.

Bert Bielefeld, Herausgeber

Einleitung

Einer der wichtigsten Baustoffe in der Architektur und im Ingenieurbau ist der Beton. Er eröffnet als gegossenes Material vielfältige Möglichkeiten in der architektonischen Gestaltung und der Ausbildung tragfähiger Bauteile, vom kleinen Maßstab bis in den ganz großen. Beton ermöglicht eine monolithische Bauweise – also Bauteile „aus einem Guss" – und ist durch den Einsatz unterschiedlicher Zusatzstoffe, -mittel und Verbundmaterialien extrem variabel in seinen Fähigkeiten. Die Betonrezeptur hat großen Einfluss auf die späteren Baustoffeigenschaften, die auf individuelle Anforderungen an das Bauteil angepasst werden können.

Der Baustoff kann als vorgefertigtes Bauteil in Primär- und Sekundärkonstruktionen hergestellt werden, sodass eine wirtschaftliche und qualitätsvolle Ausführung durch konsequente Planung leicht zu erreichen ist – ein weiterer Vorteil. Bei der Planung von Betonbauwerken gilt es, unterschiedliche Bauteile zu fügen, Herstellungsweisen miteinander zu kombinieren und den Zusammenhang vom Detail zur übergeordneten Struktur herzustellen. Ein breites Grundwissen zu Fabrikation, Konstruktion und Nachbehandlung ist unumgänglich. Hier wird dieses Grundlagenwissen über das Bauen mit Beton vermittelt, was den Weg für eine intensive Auseinandersetzung mit dem Baustoff und die vielfältige Nutzung seines Potenzials eröffnet.

BESTANDTEILE

Beton wird traditionell aus Wasser, Zement und Gesteinskörnung hergestellt. Hinzu kommen Luft, Zusatzmittel und Zusatzstoffe, welche ständig weiterentwickelt werden. Die Einsatzbreite und Leistungsfähigkeit des Baustoffs Beton wird daher immer größer.

Das Verhältnis von Wasser und Zement und die Konsistenz des daraus entstehenden Zementleims haben großen Einfluss auf die Qualität und die Verarbeitbarkeit des Frischbetons. Vor allem durch das Mischen wird der Zementleim geschmeidig. Die Dauer des Mischens ist je nach Betonrezeptur genau festgesetzt. Der Zementleim muss die Gesteinskörner sicher umschließen und zusammenhalten sowie Hohlräume füllen.

Die Gesteinskörnung macht mengenmäßig den größten Anteil am Beton aus. Ihre Beschaffenheit ist wichtig für die Betonqualität. Besonders bei Sichtbetonbauteilen oder solchen mit besonderen Anforderungen sollte eine feinkörnige Konsistenz gewählt werden.

Gesteinskörnung

Die Körnung kann aus gebrochenen oder ungebrochenen Körnern bestehen. Es sind natürlich vorkommende Mineralstoffe, aber oftmals auch Neben- oder Abfallstoffe aus der Industrie verwendbar. Sie müssen lediglich eine bestimmte Kornfestigkeit aufweisen und eine Verbindung mit dem Zementleim eingehen, damit der Beton in seiner Dauerhaftigkeit nicht geschwächt wird.

Die Körnung wird nach Herkunft, Gefüge, Kornrohdichte, Kornform und Korngröße unterschieden. Außerdem gibt es verschiedene Anforderungen an die Dauerhaftigkeit, die geometrischen, chemischen und physikalischen Eigenschaften der Körnung sowie an die Frostbeständigkeit. Es werden deshalb besondere Korngruppen, Zusammensetzungen oder Formen unterschieden.

Je nach Beschaffenheit des Materials muss die Körnung für die Verwendung im Beton bearbeitet werden. Die Sieblinie, also die grafische Darstellung der Kornzusammensetzung von Korngemischen, ist ausschlaggebend für die spätere Qualität des Betons. Diese Sieblinie wird erstellt, indem die Gesteinskörnungen durch Siebe mit unterschiedlichen Maschengrößen, die den Korngrößen entsprechen, gesiebt werden. Regelsieblinien für Korngemische sind 8 mm, 16 mm, 32 mm und 63 mm Größtkorn, die unter Umständen durch Zerkleinern, Sieben oder Waschen hergestellt werden müssen.

Sieblinie

Bis zu einer Korngröße von 0,125 mm handelt es sich um ein „Mehlkorn". Dieser feine Stoff wirkt sich positiv auf die Verarbeitbarkeit des Frischbetons aus und sorgt für ein dichteres Gefüge, was für Sicht- oder WU-Beton besonders wichtig ist. Er bedingt jedoch aufgrund des höheren Zementanteils auch höhere Herstellkosten.

Tab. 1: Zementarten

Zementart	Definition
CEM I	Portlandzement: Festigkeitsklasse 32,5R (hohe Anfangsfestigkeit)
CEM II	Portlandkompositzement: verschiedene Hauptbestandteile (Hüttensand und Kalkstein), Festigkeitsklasse 42,5N
CEM III	Hochofenzement (Portlandzementklinker und Hüttensand), Festigkeitsklasse 32,5N
CEM IV	Puzzolanzement
CEM V	Kompositzement

Zement

Ein weiteres Hauptmaterial im Beton ist der Zement, der in fünf Hauptarten unterteilt wird (CEM I–V). > Tab. 1 Der Zement ist ein hydraulisches Bindemittel, das den Beton zusammenhält.

Für die Herstellung von ultrahochfestem Beton (Ultra High Performance Concrete = UHPC) wird Hochofenzement (CEM III) verwendet, der neben seiner geringeren Porosität (schützt vor eindringender Flüssigkeit) zahlreiche andere positive Eigenschaften mitbringt. Die Herstellung erfordert weniger Primärenergie und schont natürliche Ressourcen. Es kommt seltener zu Rissbildungen durch Wärmespannungen, und er ist beständiger gegenüber Chemikalien und Salzen.

Wasser-Zement-Wert

Je nach gewünschter Erscheinung und Funktion sollte schon in der Planung der Wasser- und Zementgehalt festgelegt werden, der sogenannte w/z-Wert. Dieser beschreibt das Massenverhältnis von Wasser zu Zement und beeinflusst die Eigenschaften des Betons. Je höher der w/z-Wert, desto geringer seine Festigkeit. Das Verhältnis von Wasser und Zement kann auch Einfluss auf die Farbe nehmen: Ein niedriger w/z-Wert lässt die spätere Oberfläche dunkler erscheinen, ein hoher erzeugt eine hellere Oberfläche.

Damit der Beton erhärten kann (= Hydratation), muss er einen w/z-Wert von mindestens 0,4 haben (entspricht 40 % Wasser). Bei mehr Wasserzugabe kann der Zement das Wasser nicht mehr binden, die Flüssigkeit tritt aus („Bluten"). Bei einem zu hohen Zementwert besteht wiederum die Gefahr von schnellem Schwinden und Austrocknen.

Zusatzmittel

Zusatzmittel werden in flüssiger oder pulverförmiger Form oder auch als Granulat oder Paste zugesetzt. Sie beeinflussen die Eigenschaften des Frisch- oder des Festbetons durch chemische oder physikalische Prozesse und verändern die Verarbeitbarkeit oder den Luftgehalt. > Tab. 2 Die Zusatzmittel beeinflussen die Masse des Frischbetons nur geringfügig und können dementsprechend im Volumen vernachlässigt werden.

Zusatzstoffe

Zusatzstoffe werden dem Beton zugegeben, um bestimmte Eigenschaften zu beeinflussen oder zu erreichen. Man unterscheidet zwischen zwei Gruppen:

Tab. 2: Gebräuchliche Betonzusatzmittel

Zusatzmittel	Funktion
Betonverflüssiger Fließmittel	Macht die Konsistenz des Betons trotz geringem Wassergehalt flüssiger und somit fließfähiger. Der Frischbeton kann sich leichter in der Schalung verteilen.
Luftporenbildner	Sorgt für die Bildung von Luftporen durch chemisches Aufschäumen. Ein erhöhter Luftanteil verbessert die Dämmfähigkeit des Betons.
Dichtungsmittel	Lässt den Festbeton wasserdicht werden (WU-Beton).
Verzögerer	Verzögert das Erstarren des Frischbetons, wichtig bei großen Bauteilen, die ohne Arbeitsfuge hergestellt werden sollen.
Beschleuniger	Beschleunigt das Erstarren und Erhärten, ist besonders wichtig bei Spritzbeton, damit er schnell eine Grundfestigkeit erhält und nicht tropft (zum Beispiel beim Überkopfeinbau).
Einpresshilfen	Verbessern die Fließfähigkeit. Werden vor allem bei Spannbeton eingesetzt, damit der Zementmörtel sich nicht absetzt.
Stabilisierer	Verhindert das Ausbluten (Austritt von Wasser) und sorgt für besseres Zusammenhaltevermögen der Rezeptur.

Typ I: nahezu inaktive Betonzusatzstoffe (Gesteinsmehl, Pigment)

Typ II: puzzolanische oder latent hydraulische Betonzusatzstoffe (Flugasche, Silikastaub)

Ebenso wie die Gesteinskörnung sind die Zusatzstoffe aufgrund ihrer Beschaffenheit und der Zugabemenge als Volumenbestandteile durchaus zu berücksichtigen.

Für die Konsistenz des Betons ist wichtig, dass während des gesamten Herstellungsprozesses keine Entmischung der Betonbestandteile stattfindet. Die Konsistenz ist das Maß für die Steifigkeit des Frischbetons. Dieser muss fließfähig sein, um eine gute Verarbeitbarkeit zu gewährleisten. Eine gute Fließfähigkeit steht auch für eine gute Frischbetonqualität. Die Konsistenz ist vor Baubeginn festzulegen und während der Ausführung zu überwachen.

■ Betonkonsistenz

Je nach Konsistenz muss auch die Verdichtungstechnik gewählt werden. Die Konsistenz wird in Ausbreitmaß- und Verdichtungsmaßklassen unterteilt, die aber unterschiedlich aufgeteilt sind. > Tab. 3 und 4 Diese werden durch Ausbreit- oder Verdichtungsversuche ermittelt.

● **Beispiel:** Dem selbstverdichtenden Beton wird ein Fließmittel auf Basis von Polycarboxylat-Ethern (PCE) zugefügt, damit er beim Verfüllen eine höhere Fließfähigkeit aufweist. Außerdem erfolgt die Entlüftung über das Material selbst. Eine nachträgliche Verdichtung ist somit nicht mehr notwendig, selbst bei komplizierten Geometrien oder hohem Bewehrungsanteil. Es entsteht eine glatte, fast porenfreie Oberfläche aus sehr leistungsfähigem Beton.

■ **Tipp:** Zusatzstoffe können auch zu Gestaltungszwecken verwendet werden. So können Pigmente den Beton durchfärben, Transluzenz kann erzeugt oder das Relief der Oberfläche geformt werden. Bei durchgefärbten Betonflächen macht es Sinn, die Wirkung von Zusatzstoffen und den Anteil der Zusatzstoffe vor dem Einsatz an Musterflächen zu prüfen.

Tab. 3: Klassen nach Ausbreitmaß

Konsistenz	Klasse	Ausbreitmaß d	Verdichtungstechnik
Steifer Beton	F1	≤ 34 cm	Kräftiges Rütteln oder Stampfen, dünne Schüttlage
Plastischer Beton	F2	35–41 cm	Verdichtung durch Rütteln
Weicher Beton	F3	42–48 cm	Leichtes Rütteln oder Stochern (für hochfesten Ortbeton mindestens Klasse F3)
Sehr weicher Beton	F4	49–55 cm	Stochern, wird mit Fließmittel hergestellt
Fließfähiger Beton	F5	56–62 cm	Stochern, wird mit Fließmittel hergestellt
Sehr fließfähiger Beton	F6	≥ 63 cm	Nur durch Schwerkraft, Fließmittel
Selbstverdichtender Beton	SVB		Nur durch Schwerkraft verdichtet, entlüftet, gelangt zwischen die Bewehrung, gut geeignet für Sichtbeton

Tab. 4: Klassen nach Verdichtungsmaß

Konsistenz	Klasse	Verdichtungsmaß c
Sehr steifer Beton	CO	≥ 1,46
Steifer Beton	C1	1,45–1,26
Plastischer Beton	C2	1,25–1,11
Weicher Beton	C3	1,10–1,04

BETONARTEN

Je nach Zusammensetzung, Zuschlägen, Oberflächen, Herstellungsprozess oder Bewehrungsart werden Betonarten unterschieden. > Tab. 5 und 6 Die Wahl einer Betonart hat immer bestimmte Auswirkungen auf Planung und Gestaltung eines Bauwerks aus (Stahl-)Beton. Die Bauteile müssen je nach Betonart anders hergestellt oder instand gehalten werden.

Betonarten gibt es in einer großen Vielfalt. Sie werden nach unterschiedlichen Kriterien differenziert:

— Rohdichte
— Druckfestigkeit
— Verarbeitung
— Besondere Eigenschaften

Die Druckfestigkeit eines Betons wird in sogenannten Festigkeitsklassen angegeben, die mit einem C für „concrete" beginnen (Leichtbeton = LC). Danach folgen zwei Zahlen, die im Prüfverfahren festgelegt werden, nämlich die Zylinderfestigkeit und die Würfeldruckfestigkeit. Je größer die Festigkeit, desto größer auch der Unterschied zwischen Zylinder und Würfel. Eine niedrige Festigkeitsklasse bedeutet auch einen niedrigen w/z-Wert. > Kap. Baustoff, Bestandteile

Tab. 5: Betonarten nach Rohdichte und Festigkeit

Betonart	Trockenrohdichte	Festigkeitsklassen
Leichtbeton	< 2000 kg/m^3 (theoretisch ab 350 kg/m^3 möglich)	LC 8/9 bis LC 50/55 (LC 55/60 bis LC 80/88 = hochfester Leichtbeton)
Normalbeton	2000–2600 kg/m^3	C8/10 bis C50/60 C55/67 bis C80/95 = hochfester Beton (C90/105 und C100/115 im Einzelfall)
Schwerbeton	2600 kg/m^3 bis 5900 kg/m^3	C8/10 bis C50/60 C55/67 bis C80/95 = hochfester Beton (C90/105 und C100/115 im Einzelfall)

Tab. 6: Betonarten

Betonart	Bezeichnung nach	Definition
Normalbeton	Bezugspunkt für alle anderen	Allgemein eingesetzter Beton
Leichtbeton	Betonrezeptur	Durch Zusatz von grober, leichter Körnung (Blähzuschlag) werden bessere Dämmeigenschaften erreicht. Geringe Festigkeit, dafür weniger Gewicht.
Porenbeton	Betonrezeptur	Eine Art des Leichtbetons. Porenbeton enthält statt der Gesteinskörnung Luftporen, die im chemischen Prozess erzeugt werden und die Dämmeigenschaften nochmals verbessern.
Schwerbeton	Betonrezeptur/Festigkeitsklasse	Besonders schwere Gesteinskörnung (Beispiel: Schwerspat, Eisenerz, Baryt, Stahlgranulat), hohe Trockenrohdichte, Einsatz vor allem bei Strahlenschutz oder Ähnlichem.
Hochfester Beton (UHPC)	Betonrezeptur/Festigkeitsklasse	Verwendung von Hochofenzement anstelle von Portlandzement, sehr hohe Druckfestigkeit und gute Haltbarkeit, ermöglicht schlankes Design, schont Ressourcen und ist wirtschaftlich einsetzbar.
Wasserundurchlässiger Beton (WU-Beton)	Betonrezeptur/Eigenschaften	Beton mit hohem Wassereindringwiderstand, wird vor allem bei Bauteilen im Erdreich verwendet, um abzudichten (siehe Kap. Bauteile, Gründung).
Sperrbeton	Betonrezeptur/Eigenschaften	Ähnlich wie WU-Beton, wasserundurchlässig, Zusatz von Sperrmitteln
Selbstverdichtender Beton (SVB)	Betonrezeptur/Zusatzmittel	Zusatz von Fließmitteln, kein zusätzliches Verdichten mehr notwendig, feinporige Oberfläche und komplizierte Geometrien sind möglich.
Transluzenter Beton	Betonrezeptur/Zusatzstoffe	In den Feinbeton werden optische Glasfasern eingearbeitet, die je nach Dichte und Anordnung bestimmte Muster erstellen und den Beton lichtdurchlässig werden lassen.
Feuerbeton	Betonrezeptur/Zusatzstoffe	Beständig gegenüber Temperaturen von 500 bis 2000 °C
Recyclingbeton (RC-Beton)	Betonrezeptur/Zusatzstoffe	Gesteinskörnung wird aus wiederverwendeten Materialien hergestellt (zum Beispiel aus Bauschutt).
Estrichbeton	Betonrezeptur	Kleine Korngröße, um dünne Schichten herzustellen. Speziell zur Herstellung von Fußbodenschichten.

Tab. 6: Betonarten (Fortsetzung)

Betonart	Bezeichnung nach	Definition
Spannbeton	Statik/Bewehrungsart	Stahlbewehrung ist vorgespannt (vorgedehnt), durch die Vorspannung entsteht eine hohe Druckspannung, die Betoneigenschaften werden besser genutzt, leistungsfähige Bauteile entstehen. Die Steifigkeit verhindert große Durchbiegungen auch bei großen Spannweiten.
Textilbeton	Bewehrungsart	Verbundwerkstoff mit geringer Dicke und hoher Druck- und Biegezugfestigkeit. Flexible Formgebung durch bestimmte Bewehrungsmaterialien.
Faserbeton	Bewehrungsart	Fasern können aus Kunststoff, Glasfaser, Carbon, Naturfaser oder Ähnlichem bestehen.
Selbstreinigender Beton	Oberflächeneigenschaft	Oberfläche wird mit fotokatalytisch wirksamen Metalloxiden oder -sulfiden behandelt. Durch den Einsatz von Licht erhält man die reinigende, schadstoffzersetzende Wirkung. Die Oberfläche muss außerdem superhydrophob (wasserabweisend) oder superhydrophil (wasseranziehend) sein.
Sichtbeton	Oberflächeneigenschaft	Glatte feinporige Oberfläche, Herstellung meist als Fertigteil.
Stampfbeton	Betonierprozess	Unbewehrte, historische Verarbeitungsweise, Herstellung Schicht für Schicht, Verdichtung durch Stampfen. Hohe Dichte, kaum Schwinden, wenig Risse.
Schleuderbeton	Betonierprozess	Für Rohre, Pfähle oder Masten, verdichtet durch schnell rotierende Stahlschalung, niedriger w/z-Wert, sehr fester, dichter Beton (bis zu C100/115). Es entstehen hohle Querschnitte, die auch zu Installationszwecken genutzt werden können.
Spritzbeton	Betonierprozess	Ist besonders fließfähig und erhärtet schnell. Auftragen erfolgt mit Druckluft über eine Spritzdüse. Diese Verarbeitung ermöglicht ein flächiges, schon verdichtetes Auftragen.
Vakuumbeton	Betonierprozess	Einbringung des Frischbetons durch Unterdruck. Gleichzeitig wird überschüssiges Wasser abgesaugt, und es entsteht eine dichte, rissarme Oberfläche.

BEWEHRUNG

Beton als frei formbarer Baustoff findet seine Anwendung in Kombination mit den unterschiedlichsten Materialien. Am häufigsten wird er als Verbundkonstruktion mit Stahl als „Stahlbeton" eingesetzt. Wie bei jeder Verbundkonstruktion werden die Baustoffe im Stahlbeton gemäß ihrer besonderen materialspezifischen Eigenschaften eingesetzt.

Den Beton zeichnet eine hohe Druckfestigkeit aus, wogegen der Stahl hohe Zugkräfte aufnehmen kann. Gemeinsam bilden sie einen leistungsfähigen Baustoff, der große Lasten und Spannweiten bewältigt. Gleichzeitig werden durch die Kombination der beiden Stoffe ihre potenziellen Schwachstellen ausgeglichen. So neigt Stahl zum Rosten (Korrodieren),

Abb. 1: Bewehrungsstahl   Abb. 2: Abstandhalter aus Kunststoff

wird aber durch die vollständige Überdeckung des Betons vor diesem Prozess geschützt.

Die freie Formbarkeit des Betons wird allerdings durch den Einsatz der Stahlbewehrung begrenzt. Das starre Material gibt eine meist orthogonale Bauweise vor, die an wirtschaftliche Vorgaben und bestimmte Materialmengen gebunden ist.

Stahl ist die marktdominierende Betonbewehrung im Hoch- und Tiefbau. Mittlerweile haben sich jedoch auch andere Bewehrungsmaterialien wie Glas- oder Carbonfasern etabliert. Sie stellen zukunftsweisende Tendenzen und neue Gestaltungsmöglichkeiten der Oberflächen und Formen dar.

Die Stahlbewehrung wird auf Basis der zu erwartenden Kräfte bemessen und dimensioniert. Stahlbetonbauteile können auch unter einer gewissen mechanischen Vorspannung hergestellt werden, um noch leistungsfähiger zu sein.

Stahlbewehrung

Die Bewehrung im Beton ermöglicht kraftschlüssige, homogene Übergänge zu anderen Bauteilen und leistet somit ihren Beitrag zur monolithischen Bauweise. Stahl eignet sich als Bewehrungsmaterial besonders gut, weil Beton und Stahl ein ähnliches thermisches Ausdehnungsverhalten haben und somit im klimatischen Jahresverlauf keine Zwängungen innerhalb des Bauteils erzeugen.

Um die Bewehrung in den Beton einzubringen, haben sich unterschiedliche Methoden bewährt. Bei orthogonalen Bauteilen wird mit Bewehrungskörben, -matten und -stäben gearbeitet. Diese werden nach dem zuvor erstellten Bewehrungsplan eingebracht, der wiederum auf den statischen Berechnungen und Dimensionierungen beruht.

Die Oberfläche des Stahls ist normalerweise profiliert oder gerippt, um eine bessere Verbindung mit dem Beton herzustellen. Dies ermöglicht eine direkte Kraftübertragung an den Beton. > Abb. 1

Damit die Bewehrung beim Eingießen des Betons an ihrer notwendigen Position bleibt, wird sie mit Abstandhaltern fixiert. > Abb. 2 Die

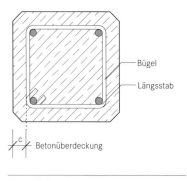

Bügel

Längsstab

c

Betonüberdeckung

Abb. 3: Betonüberdeckung

Abstandhalter stellen vor allem die notwendige Betonüberdeckung sicher. Für die verschiedenen Anforderungen gibt es mehrere Arten von Abstandhaltern. Sie können aus unterschiedlichen Materialien, wie zum Beispiel Faserbeton, Gießbeton, Kunststoff oder Stahl, angefertigt werden.

Betonüberdeckung Die Betonüberdeckung bezeichnet den Abstand zwischen der Betonoberfläche und der äußersten Bewehrungslage im Beton. > Abb. 3 Die Betonüberdeckung hat keine statische Funktion, sondern dient dazu, Schäden im Bauteil zu vermeiden. Es wird sichergestellt, dass der Beton den Stahl allseitig umschließt und dieser nicht mehr der Außenluft ausgesetzt ist. Wenn die Überdeckung zu gering ausfällt, kann es zu Abplatzungen kommen. Der Stahl liegt dann frei, und es kann Korrosion entstehen. Das Bauteil wird so auf lange Sicht bis hin zum Versagen geschwächt. Die Überdeckung darf nicht geringer als 15 mm sein, liegt aber meist zwischen 20 und 50 mm.

Die Überdeckung stellt zudem den Brandschutz sicher, indem der Beton die Hitze von dem empfindlichen Stahl abhält. Genau wie nach außen muss auch innerhalb des Bauteils ein Abstand von Stab zu Stab gehalten werden. Er muss mindestens 2 cm betragen, darf aber den Eigendurchmesser des größten Stabes nicht unterschreiten. Je nach Korngröße können auch noch größere Abstände vorgeschrieben sein. Falls ein Innenrüttler zur Verdichtung benutzt wird, müssen auch für diesen entsprechend große Lücken vorgesehen werden.

Abplatzungen Wenn der Beton im Laufe der Zeit karbonatisiert, können Feuchtigkeit, CO_2 und saure Lösungen aufgenommen werden. Die Bewehrung fängt an zu korrodieren und vergrößert dabei ihr Volumen. Durch die Ausdehnung wird die Betonüberdeckung abgesprengt (= Abplatzungen), die

○ Bewehrung liegt frei.

Korrosion Korrosion nennt man das Rosten der Stahlbewehrung. Bei der Erhärtung (Hydratation) von Zement entsteht Calciumhydroxid, das für das alkalische Milieu im Beton verantwortlich ist. Die Alkalität im Beton

Tab. 7: Expositionsklassen bei Bewehrungskorrosion

	Klasse	Beschreibung der Umgebung	Beispiele
Bewehrungskorrosion durch Karbonatisierung	XC1	Trocken oder ständig nass	Bauteile in Innenräumen, normale Luftfeuchte; Bauteile, die ständig unter Wasser sind
	XC2	Nass, selten trocken	Teile von Wasserbehältern; Gründungsbauteile
	XC3	Mäßige Feuchte	Offene Hallen, Innenräume mit hoher Luftfeuchte, Viehställe usw.
	XC4	Wechselnd nass und trocken	Außenbauteile mit direkter Beregnung; Bauteile in Wasserwechselzonen
Bewehrungskorrosion durch Chloride	XD1	Mäßige Feuchte	Bauteile im Sprühnebelbereich von Verkehrsflächen; Einzelgaragen
	XD2	Nass, selten trocken	Schwimmbecken; Bauteile, die chloridhaltigen Industriewässern ausgesetzt sind
	XD3	Wechselnd nass und trocken	Bauteile im Spritzwasserbereich von tausalzbehandelten Straßen; direkt befahrene Parkdecks
Bewehrungskorrosion durch Chloride aus Meerwasser	XS1	Salzhaltige Luft, aber kein Kontakt mit Meerwasser	Außenbauteile in Küstennähe
	XS2	Unter Wasser	Bauteile in Hafenanlagen, die ständig unter Wasser liegen
	XS3	Bereiche von Tide, Spritzwasser und Sprühnebel	Kaimauern in Hafenanlagen

schützt den Stahl vor Korrosion. Sowohl der pH-Wert im Beton als auch die Überdeckung sind also für ein funktionierendes Stahlbetonbauteil von grundlegender Bedeutung.

Korrosion wird in zwei Klassen eingeteilt, je nachdem ob sie durch Karbonatisierung oder durch das Eindringen von Chloriden entsteht. > Tab. 7 Gemäß der Bauteilanforderung wird eine Expositionsklasse vergeben, nach der der Mindestzementgehalt, der höchstzulässige Wasserzementwert und eine eventuelle Nachbehandlung festgelegt werden.

Um die grundlegenden Materialeigenschaften von Stahl und Beton noch besser zu nutzen, besteht die Möglichkeit der Vorspannung. Beim sogenannten Spannbeton wird die Stahlbewehrung nach genauer Kalku-

Spannbeton

○ **Hinweis:** Karbonatisierung bezeichnet einen Prozess, in dem sich das alkalische Milieu im Beton durch Kontakt mit CO_2 neutralisiert. Der pH-Wert sinkt ab und schützt den Stahl nicht mehr vor Korrosion.

○ **Hinweis:** Alkalität bezeichnet die Stärke einer Base. Als basisch gelten Milieus mit einem pH-Wert über 7. Zementstein hat einen pH-Wert von ≥12, eine hohe Alkalität.

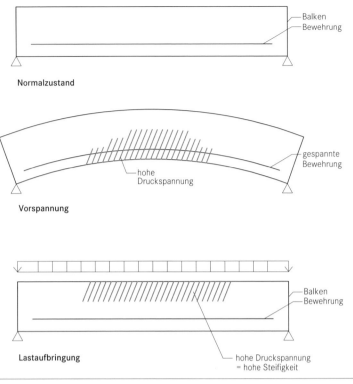

Normalzustand

hohe
Druckspannung

gespannte
Bewehrung

Vorspannung

Balken
Bewehrung

Lastaufbringung

hohe Druckspannung
= hohe Steifigkeit

Abb. 4: Das Prinzip des Spannbetons

lation vorgedehnt, und es entsteht eine hohe Druckspannung im Beton-
bauteil. Dies funktioniert vor allem durch die außermittige Lage der
Bewehrung im Bauteilquerschnitt. Beim Einbau herrschen durch die Vorspannung keinerlei Zugkräfte auf den Beton. So kommen sehr leistungsfähige Bauteile zustande, die durch ihre hohe Steifigkeit und die geringe
Durchbiegung große Spannweiten ermöglichen. > Abb. 4

Andere Materialien für Bewehrung   Neben der Stahlbewehrung oder deren Weiterentwicklungen gibt es
auch ganz andere Bewehrungsmaterialien, die den Beton in seiner Trag-
wirkung unterstützen. Diese befinden sich in unterschiedlichen Entwick-
lungsstadien und haben teilweise noch keine offizielle Zulassung. Viele
sind als Faserzuschläge in Form von Textilien oder Gelegen einsetzbar.
> Tab. 8

Faserbeton   Faserbewehrter Beton wird gleichmäßig mit Fasern durchsetzt, die
meist aus Stahl, Kunststoff, Glas oder Carbon bestehen. Diese Art der
Bewehrung kann für unterschiedliche Bedürfnisse eingesetzt werden, sie
kann entweder die Zugfestigkeit oder die Schlagfestigkeit verbessern. In
diesem Fall kann oft auf den zusätzlichen Einsatz von Stahl verzichtet
werden. In Verbindung mit einer herkömmlichen Stabstahlbewehrung

18

Tab. 8: Bewehrungsmaterialien

Material	Eigenschaft	Einsatz	Innovationsphase
Carbon	Sehr leicht und zugbeständig. Relativ hohe Herstellungskosten, dafür große Material-einsparungen, weil fast keine Betonüber-deckung. Dünnste Bauteile sind möglich.	Faser oder Textil	Teilweise schon mit Zulassung. Anwendungen hauptsächlich in der Bestandsertüchtigung.
Naturfaser	Hanf, Flachs, Cellulose und andere. Sie haben eine hohe Elastizität, geringes Gewicht. Lassen sich noch nicht gut im Beton verteilen und beeinflussen den w/z-Wert.	Faser	In der Erprobungsphase
Glasfaser	Ähnlich einsetzbar wie Carbon, aber weniger leistungsstark	Faser oder Textil	Marktreif
Stahlfaser	Als Alternative oder in Verbindung mit norma-ler Stabstahlbewehrung	Faser	Marktreif
Kunststofffaser	Meist aus Polypropylen, gegen Mikrorisse im frischen Beton. Einsatz auch im Hochleistungs-beton oder zum Brandschutz.	Faser	Marktreif

kann die Faserbewehrung für eine geringere Verformung oder eine Mini-mierung der Rissbildung eingesetzt werden.

Bei der Auswahl der Fasern ist es wichtig, dass das Material im alka-lischen Milieu des Betons dauerhaft einsetzbar ist und mit dem Beton eine Verbindung eingeht. Je nach Faser werden unterschiedliche Herstel-lungsverfahren angewandt. Teilweise können die Fasern dem Kräftever-lauf im Bauteil angepasst werden.

Genau wie beim Stahlbeton werden im textilbewehrten Beton die Zugkräfte durch die Bewehrung aufgenommen. Die Textile werden aus Einzelfasern (Filamenten) hergestellt, die analog zum Faserbeton meist aus Glas oder Carbon bestehen. Die Filamente werden zu Garnen gespon-nen und zu Matten, Gelegen oder Geweben verarbeitet. Diese können dann sehr gezielt im Bauteil eingesetzt werden. Die Präzision der Positi-onierung ist auch der große Vorteil gegenüber dem faserbewehrten Be-ton: Es besteht keine Gefahr von Anhäufungen oder nicht gleichmäßiger Verteilung der Fasern. Die Textile können sich auch dreidimensional dem Kräfteverlauf anpassen. Das filigrane Material wird genau den Anforde-rungen entsprechend vorgefertigt und erfährt so eine nahezu perfekte Auslastung. Der Beton, der für textilbewehrte Bauteile eingesetzt wird, muss fließfähig und feinkörnig sein (Größtkorn 1 mm), damit er gleichmä-ßig um das Textil und in den Maschen schließt.

Im Gegensatz zum Stahlbeton ist der Textilbeton nicht korrosionsge-fährdet und muss somit auch keine Mindestüberdeckungen erfüllen. Er zeichnet sich durch sein niedriges Gewicht, schlanke und präzise Bau-teile und dementsprechend eine hohe Leistungsfähigkeit aus und wird momentan in der Instandhaltung oder Ertüchtigung von Bauteilen einge-setzt. In seiner Herstellung ist er aber teurer als Stahlbeton.

Textilbeton

MATERIALEIGENSCHAFTEN

Wärmeschutz Die Beschaffenheit eines Baustoffes bestimmt seine bauphysikalischen Eigenschaften. Die thermischen Fähigkeiten des Betons beeinflussen verschiedene Werte. Diese sind, vereinfacht gesagt, vor allem abhängig von der Dichte, der Wärmeleitfähigkeit und dem Wassergehalt des
Stoffes. Der Beton ist das ausschlaggebende Verbundmaterial des Stahl-
betons. Er hat eine hohe Dichte und vermag es daher, Wärme gut zu spei-
chern. Die Massivität sorgt dafür, dass Wärme zeitverzögert abgegeben
werden kann und somit eventuelle Temperaturextreme ausgeglichen
werden.

Die Wärmeleitfähigkeit definiert, wie leicht die Wärme durch die Bau-
teilschichten hindurchgeleitet wird. Die Leitfähigkeit von Beton ist recht
hoch, weshalb die Betonbauteile der thermischen Hülle mit einer zusätzlichen Wärmedämmung ausgeführt werden müssen. > Tab. 9 Außerdem
können Betonrezeptur und Zuschläge verändert werden, um hohe Trans-
missionswärmeverluste zu vermeiden. Dies ist zum Beispiel bei Poren-
beton der Fall, bei dem durch den hohen Luftporenanteil eine bessere
Dämmwirkung entsteht. > Kap. Baustoff, Betonarten

Schallschutz Aufgrund der hohen Rohdichte sind auch die schalldämmenden
Eigenschaften des Betons gut. Je dichter und schwerer ein Baustoff ist,
desto besser ist die Schalldämmung. Luftschall wird dementsprechend
gut von den Betonbauteilen absorbiert. Körperschall lässt sich dagegen durch das Entkoppeln von Bauteilen (zum Beispiel schwimmenden
Estrich) reduzieren. > Abb. 5

Brandschutz Eine hervorragende Eigenschaft des Betons ist seine Brandschutz-
fähigkeit. Er gilt als „nicht brennbarer Baustoff" (Brennbarkeitsklasse A1).
Bei Hitze behält er seine Festigkeit und leitet das Feuer nicht weiter.
Außerdem entstehen weder Rauch noch toxische Gase.

Allerdings treten bei großer Hitze gewissen Spannungen im Beton
auf, die Abplatzungen hervorrufen können. Dann liegt der Bewehrungsstahl frei, der eher zu schmelzen beginnt und somit zum Versagen des
gesamten Bauteils führen kann. Ein ähnlicher Effekt kann beim Löschen
eines Brandes eintreten, wenn sich das Bauteil durch Löschwasser stark
abkühlt und auch hier spannungsbedingte Abplatzungen entstehen.

Beton kann ohne zusätzliche Maßnahmen Feuerwiderstandsklassen
von F30 bis F180 erfüllen. Er gilt auch bei hohen Temperaturen als be-
ständig gegen Schwelbrände und schirmt außerdem gegen Hitze ab. Beton ist der am besten geeignete Baustoff für Fluchttreppenhäuser (Treppenläufe, Wände, Decken). Man kann seine Feuerbeständigkeit durch
Zuschlagstoffe noch verbessern. Sogenannter „Feuerbeton" kann dann
Temperaturen von 500–2000 °C standhalten.

Feuchteschutz Beton ist grundsätzlich ein diffusionsoffener Baustoff. Er kann also
Wasser oder Feuchte der Umgebung aufnehmen und zeitverzögert wieder abgeben. Durch bestimmte Maßnahmen kann er jedoch auch als nahezu wasserundurchlässiger WU-Beton ausgeführt werden. Das Verhalten

Betonart	Wärmeleitfähigkeit	Feuerwiderstandsklasse	Brennbarkeitsklasse
Leichtbeton	Ab 0,11 W/(m*K)		
Normalbeton	1,51 bis 2,30 W/(m*K)	F30 bis F180 ohne zusätzliche Maßnahmen	A1 – nicht brennbar
Schwerbeton	Um 2,30 W/(m*K)		

Luftschall wird durch den Beton abgehalten.

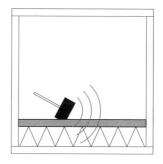

Die Übertragung des Körperschalls muss durch Entkopplung gemindert werden.

Abb. 5: Schallprinzipien

gegenüber Feuchtigkeit hängt von der Betonrezeptur und der gründlichen Verdichtung ab. Eine Bauwerksabdichtung aus WU-Beton nennt man „Weiße Wanne" > Kap. Bauteile, Gründung. WU-Beton kann auch frost- und tau-mittelbeständig hergestellt werden. Hier gibt es vier Expositionsklassen:

— Mäßige Wassersättigung ohne Taumittel: XF1
— Mäßige Wassersättigung mit Taumittel: XF2
— Hohe Wassersättigung ohne Taumittel: XF3
— Hohe Wassersättigung mit Taumittel: XF4

Beton kann in seiner Beschaffenheit so ausgelegt sein, dass er che-mischen Angriffen zumindest zeitweise standhalten kann. Bis zu einem gewissen Grad kann er als säurebeständig bezeichnet werden. Es gibt drei Grade der Angriffsstärke, die in Expositionsklassen unterteilt wer-den: Chemische Beständigkeit

— XA1: schwacher Angriff
— XA2: mäßiger Angriff
— XA3: starker Angriff

Widerstandsfähigkeit gegen chemische Angriffe ist zum Beispiel bei Betriebs- oder Abwässern in der Industrie notwendig, bei Belastung durch Abgase oder auch bei angreifenden Grundwässern und Böden.

VERFORMUNGEN

Durch die unterschiedlichen physikalischen Eigenschaften und Zusammensetzungen können Verformungen im festen oder flüssigen Zustand des Betons entstehen. Temperaturveränderungen, Wasserentzug oder Wasseraufnahme führen dazu, dass sich der Baustoff in seiner Form stark verändert. Im Folgenden sind einige Veränderungen genannt, die dem Beton Schaden zufügen und das Bauteil in seiner Funktion schwächen.

Häufig sind die dargestellten Prozesse nicht vollständig zu unterdrücken, eine vorausschauende Planung kann aber gravierende Funktionsverluste verhindern. Die Ursachen von schadhaften Verformungen liegen in der Planung, darüber hinaus meist in der Konstruktion oder der Ausführung. Beides ist dementsprechend gut zu überwachen. Es muss besonders auf eine sachgemäße Betonrezeptur, einen korrekten Betonierprozess und den Einfluss von Luft, Wasser, Salzen oder chemischen Belastungen geachtet werden. Die entstehenden Eigenbewegungen müssen so kalkuliert werden, dass der Kräfteverlauf ungehindert und ohne Zwänge stattfinden kann.

Schwinden
Als Schwinden bezeichnet man das Verkürzen des Betons während der Austrocknung im Erhärtungsprozess. Der Beton verliert dadurch an Volumen, und Haarrisse können entstehen. Die Volumenverringerung wird als Schwindmaß bezeichnet. Das Schwinden hängt von der Umgebungsfeuchte, den Bauteilabmessungen und der Betonrezeptur ab. Bei langsamer Austrocknung gelten für Normalbeton Schwindmaße von 0,2 mm/m bis 0,5 mm/m.

Schrumpfen
Das Schrumpfen wird auch Früh- oder Kapillarschwinden genannt. Im Gegensatz zum Schwinden setzt der Prozess sofort nach der Wasserzugabe ein und hängt ganz entscheidend vom Wasserzementwert ab.

Quellen
Das Gegenteil vom Schrumpfen ist das Quellen. Es bezeichnet die Vergrößerung des Betonvolumens durch Wasseraufnahme.

Treiben
Das Treiben ist eine chemische Reaktion und findet im Festbeton statt. Es kommt zu einer Volumenzunahme (Beispiel: Sulfattreiben).

Kriechen und Fließen
Kriechen und Fließen sind Formveränderungen unter Dauerlast. Sie können bleibend sein oder sich zeitabhängig zurückbilden. Sie treten vor allem bei Druckbelastung auf. Die Ursache liegt in der Bewegung des Wassers im Zementstein.

Das Kriechen bezeichnet dabei eine reversible Verformung, die mit der Zeit abnimmt und zum Stillstand kommt. Nach Wegnahme der statischen Belastung kehrt das Bauteil in seinen Urzustand zurück (Rückkriechen). Das Fließen ist eine irreversible Verformung, die auch bei Entlastung erhalten bleibt.

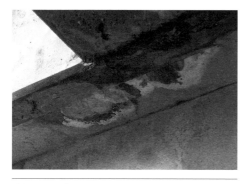

Abb. 6: Ausblühungen

Der Kriechanteil ist bei der statischen Berechnung verschiedener Bauteile von besonderer Bedeutung. Bei Spannbeton herrscht beispielsweise durch die Vorspannung schon vor dem Einbau eine große Druckbelastung auf den Beton, die Spannstahldehnung wird vermindert und damit auch die Vorspannkraft des Bauteils. Beim Kriechen spielt auch der Elastizitätsmodul (E-Modul) immer wieder eine Rolle. Er gibt das Verhältnis von Spannung zur elastischen Verformung an, die nach Entlastung vollständig zurückgeht. Der E-Modul von Normalbeton liegt bei 22.000–39.000 E.

SCHÄDEN

Während des Herstellungs- und Aushärtungsprozesses, aber auch durch langfristige äußere Einflüsse können Schäden sowohl im Frisch- als auch im Festbeton auftreten. Auch statische Belastungen oder temporäre Lasteinwirkungen können Schäden hervorrufen. Diese Effekte schwächen meist das gesamte Bauteil, wenn sie über die kalkulierten Bewegungen im Werkstoff hinausgehen. Sie können durch Fehler in der Planung, Konstruktion oder Ausführung entstehen.

Einer dieser Effekte ist die Kalkausblühung. Während des Abbinde- Ausblühungen prozesses spaltet der Zement im Beton Kalkhydrat ab. Das kann sich im Wasser lösen und sich an der Oberfläche absetzen. Wenn das Wasser verdunstet, bleibt es an der Oberfläche zurück und verwandelt sich in Kalkstein (Calciumcarbonat). > Abb. 6 Der Kalkstein ist dann in Form von wolkigen Ausblühungen auf der Betonoberfläche sichtbar. Ausblühungen treten vor allem auf, wenn Wasser (z. B. Regenwasser) in frisch entschalte Bauteile eintritt oder zwischen Schalung und Betonoberfläche läuft, feuchte und kühle Witterung herrscht oder es durch andere Einflüsse ein Temperaturgefälle im Beton gibt. Sie können vor allem durch Maßnahmen zum Schutz des Frischbetons vermieden werden. Wasser sollte nicht in die Schalung eindringen, und auch das Entschalen des Betons sollte nur bei trockenem Wetter erfolgen. Im Falle von Nachbehandlungen sollten

Abb. 7: Risse

Abb. 8: Kiesnester

zwischen Beton und Schalung Folien eingebracht werden und feuchte Matten oder entsprechende Nachbehandlungsmittel verwendet werden.

Risse
  Risse oder sogenannte Rissbilder werden in die Kalkulation des Bauteils mit aufgenommen. > Abb. 7 Sie entstehen durch innere Spannungen und äußere Kräfte, also durch Verformung oder Lastaufbringung. Je nach Konsistenz oder Zusammensetzung des Betons werden bestimmte Rissbilder ausgeprägt. Es ist gewünscht, ein feines, gleichmäßiges Rissbild zu erzeugen, um das Bauteil möglichst wenig zu schwächen. Man unterscheidet oberflächennahe und Trennrisse. Letztere betreffen meist den gesamten Querschnitt oder große Teile eines Bauteils, wogegen Risse in der Oberfläche im Bereich von 0,1 bis 0,4 mm tolerabel sind. Oberflächenrisse sind meist nur optisch auszubessern und haben keine gravierende statische Wirkung. Statisch wirksame Risse müssen von Anfang an durch eine adäquate Bewehrung, das Planen von Fugen und die richtige Betonrezeptur vermieden werden.

Kiesnester
  Ein Kiesnest entsteht immer dann, wenn eine Entmischung der Gesteinskörnung im Frischbeton stattfindet. Es handelt sich um Ansammlungen gröberer Gesteinskörnungsanteile an einer Stelle. > Abb. 8 Sie sollten durch geeignete Kornabstufung, ausreichende Mischzeit und die richtige Verdichtung vermieden werden.

Betonbluten
  Als Bluten bezeichnet man den Wasseraustritt an der Betonoberfläche während des Betonierprozesses. Der Beton hat sich dann meist entmischt. Dies ist zu vermeiden, indem der w/z-Wert minimiert wird, dichte Kornzusammensetzungen gewählt werden und intensiv verdichtet wird. Außerdem sollte die Sieblinie optimiert und fein gemahlener Zement verwendet werden.

Konstruktionsweise

Da Beton in der Regel als Stahlbeton ausgeführt wird, sind die Betonbauteile meist statisch tragend und bilden auch in großen oder komplexen Gebäuden die Primärkonstruktion. Genauso kann er aber als raumabschließendes Element nichttragend verwendet werden und findet sogar im Möbelbau für den Innen- und Außenraum Verwendung. Die vertikalen und horizontalen Betonteile können auch große Distanzen überspannen. Je nach Ausformung des Bauteils kann Stahlbeton sowohl flächige als auch lineare oder punktuelle Lasten aufnehmen. > Abb. 9

Konstruktive Eigenschaften

Es gibt unterschiedliche Möglichkeiten, Betonbauteile herzustellen. Immer jedoch müssen die Bestandteile des Betons gemischt und je nach Bedarf auch Zusatzstoffe beigegeben werden. Diesen gemischten, flüssigen Rohzustand nennt man „Frischbeton". Der Anteil der jeweiligen Inhaltsstoffe legt fest, wie der Beton zu verarbeiten ist, welche Haptik er erhält oder ob er den späteren Standortbedingungen entspricht.

Herstellungsprozess

Nach dem Mischen wird der Frischbeton in eine Schalung gegossen, in der bereits die Bewehrung eingebracht ist. > Kap. Baustoff, Bewehrung und Kap. Konstruktionsweise, Schalung Nachdem der Beton in die Schalung gegossen bzw.

Verdichten

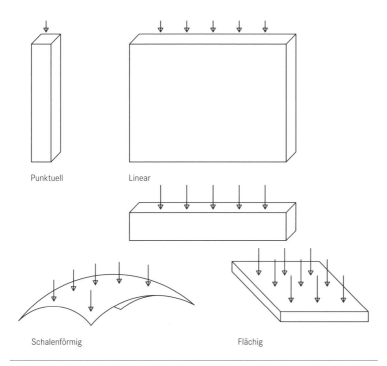

Punktuell   Linear

Schalenförmig   Flächig

Abb. 9: Stahlbeton als Tragstruktur

Abb. 10: Verdichten von Beton

gepumpt wurde, muss er verdichtet werden, um Lufteinschlüsse zu vermeiden. Dabei haben sich unterschiedliche Verfahren bewährt, unter anderen das Rütteln, Stampfen oder Stochern. Für jede dieser Methoden
wird ein zusätzliches Verdichtungsgerät eingesetzt, etwa ein Innen- oder
Außenrüttler, Rütteltische oder Schalungsrüttler. > Abb. 10 Das Verdichten
dient dazu, Hohlräume zwischen den Gesteinskörnungen und Lunker zwischen Beton und Schalung zu vermeiden. Die aktuellen Entwicklungen
auf dem Sektor des selbstverdichtenden Betons > Kap. Baustoff, Betonarten führen dazu, dass teilweise keine Rüttelverfahren mehr eingesetzt werden
müssen. Die besonderen Eigenschaften des Betons ermöglichen dann
○ einen ganz neuen Arbeitsablauf.

Der Beton muss lageweise eingebracht werden, und es muss stetig
darauf geachtet werden, dass er sich während des Betoniervorgangs oder
des Verdichtens nicht entmischt. Das Rütteln darf dementsprechend
nicht zu lange andauern, muss aber trotzdem seine Funktion der Verdichtung erfüllen. Der Betoniervorgang darf abschnittsweise nicht unterbrochen werden.

Der frisch eingebrachte Beton muss in den ersten Tagen mit Hilfe von
Folien oder einer Isolierung vor Wetter und Umwelteinflüssen geschützt
werden. Dies ist nicht nur ein Schutz vor Außeneinflüssen, sondern trägt
auch zum eigentlichen Prozess des Erhärtens bei. Das Wasser an der
Oberfläche darf nicht verdunsten. Die Austrocknung muss durch Ab-
deckung oder externe Wasserzufuhr verhindert werden.

○ **Hinweis:** Als Lunker bezeichnet man Hohlräume im
Werkstoff oder Einbeulungen an der Oberfläche. Diese
können oft nur als ästhetische Mängel betrachtet werden. Ab einer gewissen Tiefe und Größe sind sie jedoch
auch statisch relevant, da die Überdeckung reduziert
wird.

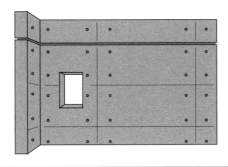
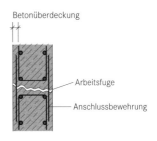

Betonüberdeckung

Arbeitsfuge

Anschlussbewehrung

Abb. 11: Arbeitsfugen

Umgebungstemperaturen von +5 bis +30 °C sollten nicht über- oder unterschritten werden. Bei Hitze besteht die Gefahr des zu schnellen Abbindens und des Ausdunstens. Auch dies kann durch Abdeckmaßnahmen verhindert werden. Bei Frost erhärtet der Zementleim nicht mehr ausreichend und das Wasser kann in dem noch nicht erhärteten Beton gefrieren, was zu Schäden führt. Hier hilft der Einsatz von werkseitig erhitztem Warmbeton oder Frostschutzmitteln. Dies verändert aber die Farbe des Betons, was besonders bei Sichtbetonbauteilen zu berücksichtigen ist.

Schutz vor widrigen Einflüssen

Auch Wind kann zur beschleunigten Verdunstung des Wassers im Frischbeton beitragen. Der Beton sollte dementsprechend auch nicht zu starkem Wind ausgesetzt sein. Gleiches gilt für den Schutz bei Regen, um den Wassergehalt im abbindenden Bauteil nicht zu stark zu verändern.

Der Beton bindet innerhalb der ersten 24 Stunden vom feuchten in den erstarrten Zustand ab. Seine Normfestigkeit erreicht er unter normalen Bedingungen innerhalb von 28 Tagen und wird dann als Festbeton bezeichnet. Während der Abbindung wird der Beton junger oder grüner Beton genannt.

Je nach Größe eines Bauteils reicht ein Arbeitsgang nicht aus. Das Bauteil wird dann in unterschiedliche Betonierabschnitte unterteilt. Dementsprechend entstehen Arbeitsfugen, die in die Planung aufgenommen werden müssen. Es gilt dennoch, Arbeitsfugen möglichst zu vermeiden, da sie immer eine Schwachstelle in der Konstruktion darstellen. Sollten sie trotzdem notwendig sein, müssen sie zum besseren Verbund gegebenenfalls rau hergestellt werden (z. B. durch Einlage von Streckmetall) und mit Hilfe von Dichtungsbändern oder Ähnlichem vor dem Eindringen von Feuchtigkeit oder Wasser geschützt werden.

Arbeits- und Bewegungsfugen

Bewegungsfugen können notwendig werden, um Spannungsrisse zwischen zwei Bauteilen zu vermeiden. Sie müssen auf Grundlage der statischen Gegebenheiten in die Planung aufgenommen werden und gleichen vor allem Dehnungs- oder Setzungsbewegungen aus. In Bewegungsfugen wird die Bewehrung unterbrochen, um Spannungen zu vermeiden. Die Arbeitsfugen dagegen haben eine durchlaufende Bewehrung. > Abb. 11

Die in der Planung festgelegten Parameter für die Zusammensetzung des Betons müssen während der Ausführung eingehalten und überprüft werden. Dies ist einerseits durch die Prüfung der Lieferanten und andererseits durch Entnahme von Proben vor Ort möglich.

Mit Hilfe der Frischbetonrohdichte (kg/dm^3) lässt sich ebenfalls eine erste Beurteilung der Betongüte direkt nach dem Einbau feststellen. Sie bezeichnet die Masse von frischem, verdichtetem Beton einschließlich Poren. Man ermittelt sie, indem man einen Probekörper wiegt. Eine niedrige Rohdichte bedeutet eine geringe Festigkeit. Je mehr Wasser- und Porengehalt vorhanden ist, desto geringer ist auch die Rohdichte.

Der Herstellungsablauf kann vor allem in Bezug auf den Ort und die Gegebenheiten des Prozesses variieren. Betonbauteile werden entweder auf der Baustelle am endgültigen Einbauort hergestellt oder im Fertigteilwerk unter standardisierten Bedingungen vorgefertigt und dann auf die Baustelle transportiert.

ORTBETON

Der Ortbeton bezeichnet den sogenannten Baustellenbeton, der vor Ort gemischt und verarbeitet wird. Aufgrund mangelnder Präzision wird der Baustellenbeton nur in kleinen Mengen und nicht im Regelfall eingesetzt. Der Begriff Ortbeton hat sich vor allem für den Transportbeton, der am häufigsten im Bausektor eingesetzt wird, etabliert. > Abb. 12 Dieser wird präzise im Werk gemischt, zur Verarbeitung als Frischbeton auf die Baustelle geliefert und dort in die Schalung gegossen.

Der Vorteil eines Bauteils in Ortbetonbauweise sind die monolithischen, kraftschlüssigen Anschlussmöglichkeiten und der wirtschaftliche Einsatz des Materials. Bei nicht sichtbaren Bauteilen oder solchen mit geringem Anspruch an die Oberfläche wird meistens Ortbeton verwendet. Die Bauweise hat allerdings auch Nachteile: Der gesamte Abbindeprozess findet auf der Baustelle statt, also auch bei ungünstigen Witterungsbedingungen, was große Auswirkungen auf das Ergebnis des Betonierens und den Zeitablauf auf der Baustelle haben kann. Extreme Temperaturen oder Niederschlag führen häufig zu erheblichen Verzögerungen und erfordern eine flexible Planung des Bauablaufs.

SCHALUNG

Die Schalung bildet die Negativform des Betonbauteils. In sie wird der Bewehrungsstahl eingebracht und der flüssige Beton gegossen. Deshalb muss sie so dimensioniert sein, dass der Druck, der durch das Einbringen des Betons entsteht, aufgefangen wird.

Eine Schalung besteht aus unterschiedlichen Einzelteilen, meist einem Schalsystem und der Schalhaut. Damit sich der Beton nach dem Erhärten aus der Schalung lösen lässt, muss diese zuvor mit Trennmitteln (Öl, Wachs, Lack usw.) behandelt werden. Bei einer herkömmlichen orthogonalen Schalung für eine Wand oder eine Decke werden meist

Abb. 12: Betonmischer

Abb. 13: Sichtbeton mit regelmäßigen Ankerlöchern

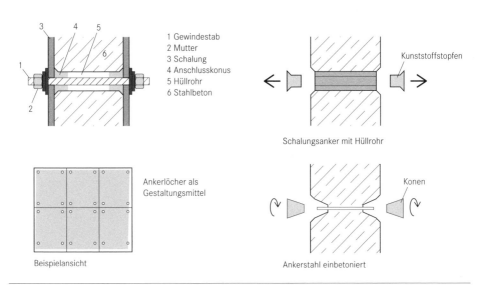

1 Gewindestab
2 Mutter
3 Schalung
4 Anschlusskonus
5 Hüllrohr
6 Stahlbeton

Kunststoffstopfen

Schalungsanker mit Hüllrohr

Ankerlöcher als
Gestaltungsmittel

Beispielansicht

Konen

Ankerstahl einbetoniert

Abb. 14: Schalungsanker

vorgefertigte Schaltafeln als Schalhaut eingesetzt. Diese werden von sogenannten Schalungsankern zusammengehalten, um den Betondruck
abzufangen. Beim Ausschalen des Bauteils bleiben Löcher zurück, wo zuvor die Anker waren. Bei sichtbaren Bauteilen gilt es, die Anordnung der
Löcher („Konenlöcher") ebenfalls in die Planung aufzunehmen. > Abb. 13
und 14 Sie können geschlossen oder der Gestaltungsidee angepasst werden, bleiben aber sichtbar. Auch Öffnungen und Durchdringungen müssen bei der Erstellung der Schalung bereits eingeplant und dementsprechend ausgespart werden.

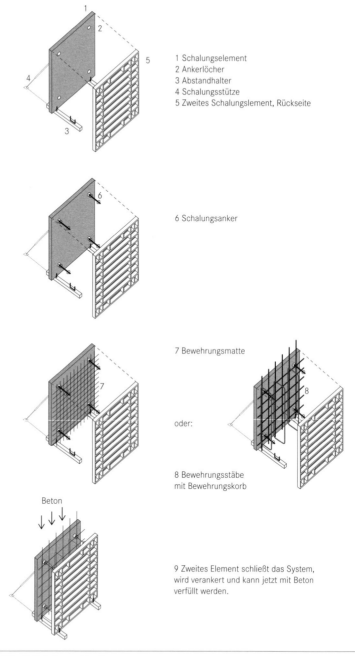

1 Schalungselement
2 Ankerlöcher
3 Abstandhalter
4 Schalungsstütze
5 Zweites Schalungslement, Rückseite

6 Schalungsanker

7 Bewehrungsmatte

oder:

8 Bewehrungsstäbe
mit Bewehrungskorb

Beton

9 Zweites Element schließt das System,
wird verankert und kann jetzt mit Beton
verfüllt werden.

Abb. 15: Schalungsablauf

Abb. 16: Glatte Oberfläche mit großem Porenanteil, raue Oberfläche mit Brettschalung

Die Schalhaut kann aus unterschiedlichen Materialien bestehen, die Schalhaut auch Einfluss auf die spätere Oberfläche der Bauteile haben. Holz kann als Schalhaut sehr vielfältig eingesetzt werden. Es kann je nach Verarbeitung glatte oder raue Strukturen erzeugen. > Abb. 16 Holz kann gehobelt, geflammt, sägerau oder gebürstet verwendet werden. Ausschlaggebend ist aber auch die Saugfähigkeit eines Schalungsmaterials. Holz ist grundsätzlich eher saugfähig, entzieht dem Beton dadurch während des Abbindens Wasser und Luft und gibt ihm so eine bestimmte Oberflächenqualität. Sie weist dann weniger Poren auf und wirkt gleichmäßig.

Nicht saugend sind Schalungen aus Kunststoff, Aluminium oder Stahl. Im Gegensatz zu Holz sind Stahl- oder Aluminiumschalungen teuer, können aber mehrfach verwendet werden. Kunststoffschalungen sind günstig und haltbar. Nicht saugende Schalungen lassen besonders glatte Betonoberflächen entstehen, fördern aber auch die Porenbildung. So können sich schneller wolkige Verfärbungen oder marmorierte Oberflächen ausbilden. Darüber hinaus sind vielfältige Strukturschalungen erhältlich, mit denen sich die spätere Betonoberfläche als strukturierte Sichtbetonoberfläche frei gestalten lässt. > Abb. 17

Die unterschiedlichen Schalsysteme sind nach ihren Konstruktions- Schalsysteme arten benannt. Eins der am häufigsten eingesetzten ist die Rahmenschalung. Sie heißt so, weil in diesem Fall die Schaltafeln aus einem fest verbundenen Rahmen aus Stahl oder Aluminium bestehen, an den die eigentliche Schalhaut aus Holz oder Kunststoff befestigt wird. Dieser Einsatz von modularisierten Elementen ist für Wand- und Deckenschalungen geeignet. > Abb. 18 Die Rahmenschalung ermöglicht durch ihre Modularisierung einen schnellen Aufbau und trägt damit zu raschem Baufortschritt bei, eignet sich aber nur für rechtwinklige oder flächige Bauteile. Rundungen oder Schrägen sind meist nur mit anderen Systemen herstellbar.

Abb. 17: Gestaltung unterschiedlicher Oberflächen

Ein weiteres, häufig eingesetztes System ist die Trägerschalung, die ebenfalls für Wände und Decken verwendet werden kann. Sie weist eine höhere Flexibilität auf, ist dafür aber etwas komplizierter in der Handhabung, weil Schalsystem und Schalhaut als Einzelteile montiert werden müssen. Die Trägerschalung besteht aus einem Trägerrost, auf dem die Schalhaut montiert wird. Sie ist genau einstellbar und zeigt später nicht die rasterartige Unterteilung in der Betonoberfläche, wie sie beispielsweise die Rahmenschalung bewirkt. Das liegt daran, dass die Schalhaut unabhängig vom Schalkonstruktionsprinzip in großen Größen und unterschiedlichen Materialien eingebaut werden kann. Das Trägersystem wird meist aus Vollwand- oder Fachwerkträgern aus Aluminium erstellt. > Abb. 19 Im Zusammenhang mit den Schalsystemen haben sich unterschiedliche Begriffe im Baustellen-Jargon durchgesetzt. Eine Trägerschalung wird auch als „Flex-Schalung" und eine vormontierte Deckenschalung auch als „Deckentisch" bezeichnet. > Abb. 20

Besondere Bauteile erfordern auch besondere Schalsysteme wie beispielsweise Stützen- und Rundschalungen. Stützenschalungen sind verhältnismäßig aufwendig, weil sie meist mit speziellem Querschnitt in Abhängigkeit von den statischen Berechnungen hergestellt werden müssen. Durch die verhältnismäßig kleinen Oberflächen muss präzise gearbeitet

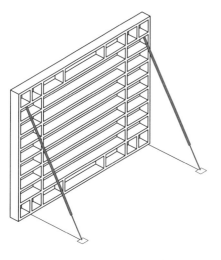

Abb. 18: Rahmenschalung

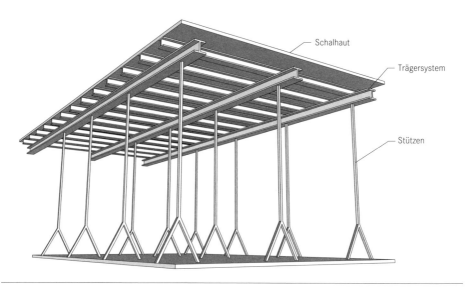

Schalhaut

Trägersystem

Stützen

Abb. 19: Trägerschalung

werden, und es entsteht ein hoher Betondruck in einer kleinteiligen Schalung. Stützenquerschnitte sollten deshalb innerhalb eines Gebäudes möglichst gleich groß sein. Selbst wenn etwas mehr Beton verbraucht wird, spart man trotzdem an Lohnkosten und Zeit. Die einzelnen Schalungen werden mehrfach verwendet, das Schalsystem muss nicht jedes Mal neu

Abb. 20: Abstützung eines Deckentisches

justiert werden. Bei Rundstützen wird es noch schwieriger, weil die runden Matrizen in die meist orthogonale Schalhaut eingebracht werden müssen. Hier gibt es allerdings ein alternatives System: die Pappschalungen, die durch innenseitig beschichtete Pappröhren leicht einen runden Querschnitt mit glatter Oberfläche erzeugen können. > Abb. 21 Rundschalungen in großen Dimensionen und mit den klassischen Systemen sind dennoch generell aufwendiger und müssen genauestens geplant werden. Auch bei Bauteilen wie Unterzügen müssen besondere Schalsysteme verwendet werden.

Die Verwendung von einheitlichen Schalsystemen stößt oft an ihre Grenzen, wenn es um komplizierte, kleinteilige oder individuelle Bauteile geht. So werden Treppenschalungen meist individuell hergestellt, oder aber ganze Treppenläufe werden im Werk betoniert. Die gängigen Systeme passen in den meisten Fällen nur bedingt.

○ Kletter- und Gleitschalung

Um mehrere Geschosse vor allem bei Hochhäusern und hohen vertikalen Bauteilen fortlaufend herzustellen, können als effiziente Schalungsmethoden Kletter- und Gleitschalungen eingesetzt werden.

○ **Hinweis:** Von einer verlorenen Schalung spricht man, wenn eine Schalung nach dem Betonieren nicht mehr entfernt werden kann. Dies kann durch die Geometrie des Bauteils oder besondere Einbaubedingungen gegeben sein, weil z. B. eine im Erdreich befindliche Untersicht einer Bodenplatte nicht mehr zugänglich ist.

Abb. 21: Stütze in Pappschalung

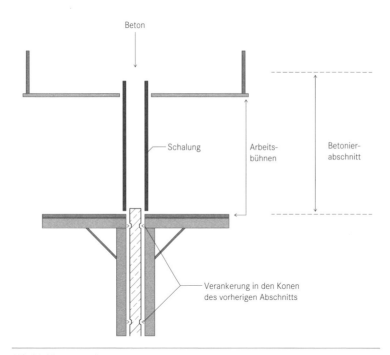

Abb. 22: Kletterschalung

Die Kletterschalung kann entweder „kranabhängig" oder „selbst-kletternd" erfolgen. Die kranabhängige Kletterschalung besteht aus großflächigen Wandschalungen, die an Fahrwagen auf Konsolbühnen befestigt sind. Die Bühnen sind in den Konen der jeweils unteren Betonier-abschnitte verankert und bilden eine Aufstandsebene für den aktuellen Abschnitt. Bühne und Schalung werden vom Kran abschnittsweise an-gehoben und klettern so in die Höhe. > Abb. 22

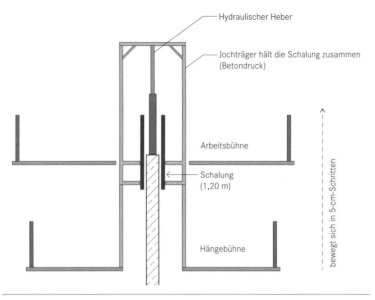

Hydraulischer Heber

Jochträger hält die Schalung zusammen
(Betondruck)

Arbeitsbühne

Schalung
(1,20 m)

Hängebühne

bewegt sich in 5-cm-Schritten

Abb. 23: Gleitschalung

Wenn kein Kraneinsatz möglich ist, arbeitet sich die Schalung mit Hilfe hydraulischer Hebeeinrichtungen abschnittsweise, also „selbstkletternd" nach oben. Die Betonierabschnitte werden meist geschossweise durchgeführt. Beide Arten der Kletterschalung bieten ein hohes Maß an Qualität und Flexibilität während des Bauablaufes.

Die Gleitschalung kommt vor allem dann zum Einsatz, wenn es sich um hohe Bauteile mit wenig Einbauteilen und geringem Anspruch an die Oberfläche handelt. Ein durchgängiger Wandquerschnitt macht diese Schalungsart noch effizienter.

Die Schalung gleitet in diesem Fall an Kletterstangen, die mittig auf der Wand stehen, in kleinen Schritten nach oben, und es wird lageweise betoniert. > Abb. 23 Dies hat einen kontinuierlichen Bauablauf zur Folge. Die Schalung kann währenddessen weder verändert noch gereinigt oder repariert werden. Diese Schalungsart ermöglicht schnelle Baufortschritte mit wenig Materialaufwand, fordert aufgrund ihrer mangelnden Flexibilität aber einen exakten und endgültigen Planungsablauf von Beginn an.

BETONIERPROZESS

Gießen   Der eigentliche Betonierprozess ist einer der vielen Faktoren, die das Erscheinungsbild des Betons, aber auch seine Leistungsfähigkeit nachhaltig beeinflussen. Der herkömmlich verbaute Ortbeton wird auf der Baustelle in die Schalung gepumpt. Beim Eingießen muss darauf geachtet werden, dass die Fallhöhe in die Schalung nicht zu hoch ist. Beton kann

Abb. 24: Gießen von Beton

bei günstigen Einbausituationen entweder direkt vom Transportfahrzeug oder mittels Betonpumpen und kranbasierten Betonkübeln an den Einbringungsort transportiert werden. > Abb. 24

Eine weitere Möglichkeit des Betonierens stellt der Spritzbeton dar. Durch eine besondere Rezeptur ist er besonders fließfähig und erhärtet schnell. Dafür sorgt meist ein Beschleuniger als Zusatzmittel. Spritzbeton ermöglicht die flächige Herstellung einer bereits verdichteten Betonschicht. Diese Aufbringungsart eignet sich besonders für die nachträgliche Ertüchtigung von Bauteilen.

Man unterscheidet das Nass- und das Trockenspritzverfahren. Bei Ersterem wird herkömmlich angemischter Beton mit einer kleinen Korngröße verwendet, der mit dem entsprechenden Druck verarbeitet wird. Das Trockenspritzverfahren gibt das Wasser erst an der Spritzdüse zu dem Betongemisch hinzu und eignet sich besonders für Instandhaltungsmaßnahmen bei beschädigten Bauteilen.

Wenn mit Hilfe von Spritzbeton schadhafte Bauteile ausgebessert werden, ist darauf zu achten, dass durch den erhöhten Betonanteil auch die Eigenlast des Bauteils zunimmt. Es muss geprüft werden, ob nach der Ausbesserung die Tragfähigkeit gewährleistet ist. Besonders zur Einhaltung oder Wiederherstellung des Brandschutzes ist der Einsatz des Spritzbetonverfahrens häufig sinnvoll.

Bei der Herstellung ist darauf zu achten, dass alte und neue Betonoberflächen einen guten Verbund eingehen können. Auch wenn der

Spritzbeton

Abb. 25: Deckenuntersicht mit Spritzbeton-Ergänzung

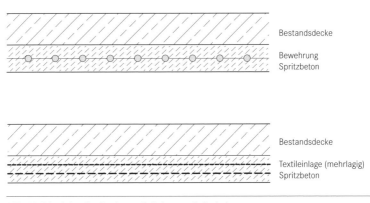

Bestandsdecke

Bewehrung
Spritzbeton

Bestandsdecke

Textileinlage (mehrlagig)
Spritzbeton

Abb. 26: Prinzipien der Deckenertüchtigung mit Spritzbeton

Prozess durch Betonierabschnitte unterbrochen wird, muss der Anschluss ermöglicht werden. Der sogenannte Rückprall ist das lose Gefüge, das an der Spritzbetonoberfläche entsteht. Es muss sorgfältig abgebürstet werden, damit dann wiederum anbetoniert werden kann.

Spritzbeton ermöglicht auch eine lotrechte oder Überkopfverarbeitung und wird deshalb häufig zur Ertüchtigung von Deckenbauteilen verwendet. > Abb. 25 und 26 Diese findet meist von der Unterseite aus statt. Wenn außerdem bewehrt werden muss, erfolgt dies meist über Lamellen oder Textileinlagen, die größtenteils aus Carbon bestehen. Beide Verfahren sorgen dafür, dass die Carbonstrukturen die Zugkräfte des Bauteils verstärken können.

Spritzbeton kann sogar teilweise auf feuchten Oberflächen aufgebracht werden und wird auch in der Baugrubensicherung verwendet.

Stampfbeton wird ebenfalls nach dem Betonierprozess beziehungsweise der Art der Verdichtung benannt, die durch Stampfen erfolgt. Dieses Stampfen ist eine der ältesten Arten der Betonierung. Schicht für Schicht wird der Beton in eine Schalung eingebracht, die auch individuell verdichtet wird. Die Schichthöhe sollte 15 cm nicht überschreiten. In der Oberfläche sind nach dem Ausschalen die Stampflagen sichtbar, es entsteht eine charakteristische Optik. Außerdem sieht man bestimmte Unregelmäßigkeiten, dichtere und weniger verdichtete Stellen oder Ansammlungen von Gesteinskörnung.

Stampfbeton

Die Verwendung von Stampfbeton ist nur unbewehrt möglich, die fertigen Bauteile können also nur Druckbelastungen standhalten oder nichttragend angeordnet werden. Dennoch wird Stampfbeton aufgrund seiner besonderen Ästhetik gerne im Außenraum eingesetzt. Die Herstellung erfolgt heute aber meist nicht auf traditionelle Weise, sondern mit Hilfe von mörtelarmem Beton, was zu haufwerksporigen Fehlstellen führt und die gewünschte Optik entstehen lässt. Die Gesteinskörnung wird nicht mehr vollständig umschlossen und ist nach außen sichtbar. Diese Oberfläche kann auch durch Stampfen, aber genauso gut durch Rüttelverfahren in Lagen hergestellt werden.

Schleuderbeton entsteht durch das Verdichten des Betons in einem Hohlprofil. Der Ablauf gleicht dem des Gießens: Die Bewehrung wird in der Schalung fixiert und der Beton hinzugegeben. Durch schnelles Rotieren um die eigene Achse wird der Beton an die Außenwände gedrückt. Die Zentrifugalkraft treibt die schweren Bestandteile nach außen und lässt das Wasser innen abfließen. So ergibt sich ein niedriger Wasserzementwert. Der zuvor vollvolumig verfüllte Beton erhält durch die Verdichtung in der Mitte des Querschnitts einen Hohlraum und außen eine blasenfreie Außenfläche.

Schleuderbeton

Dieser Herstellungsprozess eignet sich besonders für Masten, Pfähle, Pfeiler oder Stützen. Aber auch Stahlrohre können mit Beton ausgekleidet und so vor Korrosion geschützt werden. Der entstehende innere Hohlraum wird immer rund, auch wenn die Außenhaut orthogonal oder andersförmig ist, und eignet sich auch als Installationsebene.

FERTIGTEILE

Fertigteile aus Beton werden im Werk hergestellt und einbaufertig auf die Baustelle geliefert. Der Vorteil liegt in der präzisen, sauberen Herstellung und der schnellen Montage. Abbindezeiten und Witterungseinflüsse auf der Baustelle müssen im Bauablauf kaum berücksichtigt werden. Ein Nachteil sind allerdings die sehr viel kleineren Maßtoleranzen als im Ortbetonbau. Exakte Planung und genaue Koordination sind daher notwendig. Andererseits erleichtert die Fertigteilbauweise erheblich die Herstellung von Sichtbetonoberflächen. Oberflächenqualitäten können sehr viel

Besonderheiten/
Vor- und Nachteile

Abb. 27: Halle aus Fertigteilelementen

sicherer geplant werden, auch wird ein gleichmäßiges Erscheinungsbild erzeugt, da im Fertigteilwerk unter gleichbleibenden Rahmenbedingungen und ohne Witterungseinflüsse Betonteile gefertigt werden können.

Um die Vorteile beider Herstellungsweisen optimal zu nutzen, werden deswegen auch häufig Fertig- und Ortbetonteile kombiniert. So werden zum Beispiel komplizierte Treppengeometrien im Werk hergestellt und mit einer Ortbetondecke verbaut, die dann gegebenenfalls auftretende Toleranzen aufnehmen kann. Es können aber auch ganze Gebäudeelemente im Werk vorgefertigt werden. > Abb. 27 Generell sind allerdings die unten beschriebenen Elementgrößen den wirtschaftlichen Aspekten der Fertigteilbauweise gegenüberzustellen. Während vor Ort fast beliebig große kraftschlüssige Bauteile hergestellt werden können, stößt das Fertigteil bei den Transportgrößen an seine Grenzen.

Elementbauweise   Ein besonders effizienter Einsatz von Fertigteilen liegt in der Elementbauweise. Durch die saubere Ausführung im Werk und wiederholten Einsatz der Elemente kann sehr kosten- und zeiteffizient gearbeitet werden. Die Herstellung der Einzelelemente ist von den Modulgrößen abhängig: zum Beispiel von Betonierabschnitten, Schaltafelgrößen oder Ähnlichem. Auch im Werk entstehen hier Fugen und Ankerlöcher, die vor allem für den Transport notwendig sind und bei sichtbaren Bauteilen mit eingeplant werden müssen. Genauso können aber auch ganze Gebäudezellen vorgefertigt vor Ort montiert werden.

Filigranteile   Filigranteile sind sogenannte Halbfertigteile. Filigrane Fertigteilelemente werden im Werk hergestellt und dann vor Ort mit Frischbeton verfüllt. Bei einer Wand sind dies etwa die beiden äußeren Sichtflächen, die verfüllt werden. > Abb. 28 und 29

Bei der Herstellung einer Filigrandecke wird die Zugbewehrung schon werkseitig in das Fertigteil eingebracht. Gitterträger sorgen für den späteren Verbund mit dem Ortbeton. Die Filigrandecke wird auf der Baustelle eingelegt, dient gleichzeitig als untere Schalung und kann aufbetoniert

Abb. 28: Filigrandecke

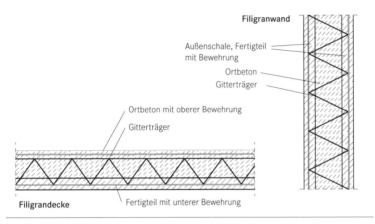

Filigranwand

Außenschale, Fertigteil mit Bewehrung

Ortbeton

Gitterträger

Ortbeton mit oberer Bewehrung

Gitterträger

Filigrandecke

Fertigteil mit unterer Bewehrung

Abb. 29: Filigranteile

werden. Die Konstruktion wirkt nachher durch den Verbund als aussteifende Scheibe. Eine Filigrandecke kann auch als vorgespanntes Bauteil hergestellt werden und ermöglicht so große Spannweiten.

OBERFLÄCHEN

Es wird zwischen rein konstruktiv eingesetztem Beton, der später durch andere Schichten wie Putze überdeckt wird, und sogenanntem Sichtbeton unterschieden.

Sichtbeton

Wie bereits erwähnt > Kap. Konstruktionsweise, Schalung, erfordert eine glatte Sichtbetonoberfläche besondere Planung und Ausführung. Auch die Zusammensetzung des Betons nimmt Einfluss auf die spätere Wirkung der

Oberfläche. Daher wird tendenziell eine eher feine Gesteinskörnung gewählt werden. Unterschiedliche Klassen sind oben > Kap. Baustoff, Bestandteile erläutert worden.

Die Qualität des Sichtbetons ist ebenfalls in Klassen unterteilt und sollte in der Ausschreibung angegeben werden. > Tab. 10 Durch die Festlegung der geplanten Sichtbetonklasse werden die Einzelkriterien an Ausführungsbedingungen und Oberflächenqualität definiert. Nur so kann die Qualität des Ergebnisses gesichert und letztendlich auch abgenommen werden. Die Einzelkriterien helfen dabei, den gewünschten Gesamteindruck zu erzielen und noch während der Ausführung gegebenenfalls auf Änderungen einzugehen.

Textur Die Textur und die Ausbildung der Elementstöße werden in die Kriterien T1 bis T3 unterteilt. Die Geschlossenheit der Betonoberfläche und sichtbare Fehlstellen entlang undichter Schalhautstöße, die sich später dunkel abzeichnen, werden so klassifiziert.

Porigkeit Die Porigkeit der Oberfläche ist schwer zu prüfen, die Klassen P1 bis P4 beschränken den Maximalwert an Porenanteilen auf einer Testfläche des Bauteils. Da die Porigkeit je nach Schalhaut sehr unterschiedlich sein kann, wird auch nach saugender und nicht saugender Schalung unterschieden.

Farbtongleichmäßigkeit Mit FT1 bis FT3 werden Farbtonabweichungen unabhängig von deren Ursache beurteilt. Es handelt sich nur um textliche Formulierungen, die nicht an genauen Parametern festgemacht werden können. Auch hier wird nach saugender und nicht saugender Schalung unterschieden.

Ebenheit Die Ebenheit nach der Klassifizierung E1 bis E3 nimmt Bezug auf allgemeine Maßtoleranzen im Hochbau und lehnt sich je nach Bedarf an die entsprechende nationale Normung an.

Arbeits- und Schalhautfugen Die Bezeichnungen AF1 bis AF4 beschränken vor allem die zulässigen Flächenversätze zwischen zwei Schalungselementen.

Erprobungsfläche und Schalhautklasse Die Schalhaut wird in die Klassen SHK1 bis SHK3 unterteilt. Sie bezeichnen den Zustand der Schalhaut und können relativ deutlich abgestuft werden. Die Pflicht zur Einhaltung der Schalhautklasse liegt bei der ausführenden Firma. Damit der Architekt seine Vorstellungen von der fertigen Oberfläche möglichst präzise festlegen kann, kann die Schalhautklasse individuell festgelegt und mit weiteren Kriterien belegt werden.

■ **Tipp:** Um eine glatte Oberflächenqualität zu erhalten, sollte der w/z-Wert nicht größer als 0,5 sein, der Zementgehalt über 350 kg/m^3 liegen und das Verhältnis von Gesteinskörnung zu Zement nicht größer als 6:1 sein.

Tab. 10: Sichtbetonklassen und ihre Verknüpfung mit den Anforderungen

Sichtbetonklasse	Anforderung	Bauteile (beispielhaft)	Textur	Porigkeit Saugend	Porigkeit Nicht saugend	Farbtongleichmäßigkeit Saugend	Farbtongleichmäßigkeit Nicht saugend	Ebenheit	Arbeits- und Schalhautfugen	Erprobungsfläche	Schalhautklasse	Kosten
SB 1	Geringe Anforderungen	Kellerwände, Wände von Räumen mit gewerblicher Nutzung	T1	P1		FT1	FT1	E1	AF1	Frei-gestellt	SHK1	Niedrig
SB 2	Normale Anforderungen	Treppenhauswände, Stützwände	T2	P2	P1	FT2	FT2	E1	AF2	Empfohlen	SHK2	Mittel
SB 3	Hohe gestalterische Anforderungen	Fassaden im Hochbau (am meisten verwendete Klasse)	T2	P3	P2	FT2	FT2	E2	AF3	Dringend empfohlen	SHK2	Hoch
SB 4	Besonders hohe gestalterische Anforderungen	Repräsentative Bauteile im Hochbau, für repräsentative, prominente Gebäude (baut auf SB 3 auf, mit etwas schärferen Bedingungen)	T3	P4	P3	FT3	FT2	E3	AF4	Erforder-lich	SHK3	Sehr hoch

Durch Zugaben zu der ursprünglichen Betonrezeptur können Oberflächenbeschaffenheit und Optik des entstehenden Bauteils manipuliert werden. Dies hat in der Regel keine Auswirkungen auf grundlegende Eigenschaften des Betons, aber umso größere auf die Gestaltung. So kann beispielsweise durch die Verwendung von Pigmenten der Beton insgesamt durchgefärbt werden. Es entsteht eine homogene Farbe, deren Abtönung im Prinzip keine Grenzen gesetzt sind. Mit Hilfe farbiger Körnung oder von Granulaten können kleinteiligere Akzente gesetzt werden, die je nach Korngröße die Gesamterscheinung der Oberfläche beeinflussen.

Neben der farblichen Gestaltung lassen sich aber auch Transluzenzen erzeugen oder Akzente mit anderen Materialien setzen. Werden zum Beispiel optische Glasfasern in den Beton eingearbeitet, kann Licht durch den massiven Baustoff hindurchgeleitet werden. Der Beton wird durchscheinend, transluzent. Je nach Anordnung und Dichte der Fasern können unterschiedliche Bilder und Intensitäten erzeugt werden. Der transluzente Beton ist im Innen- und Außenbereich einsetzbar. > Abb. 30

Zuschläge

Abb. 30: Transluzenter Beton   Abb. 31: Oberflächenreliefs

Besondere Akzente können außerdem durch Zugabe von beispielsweise Marmor oder Glas gesetzt werden. Je nach Korngröße der Zusätze
und Mischverhältnis können so schimmernde Effekte oder bestimmte
Oberflächenbeschaffenheiten erzielt werden.

Schalungen   Die Schalhaut spielt eine wesentliche Rolle bei der Gestaltung der
Betonoberfläche. Je nach Materialwahl kann sie durch ihre saugenden
oder nicht saugenden Eigenschaften eine glatte oder reliefartige Oberfläche erzeugen. Eine nicht saugende Schalhaut ruft in der Regel eine
glatte Oberfläche hervor, die allerdings zu einer gewissen Porigkeit neigt.
Oftmals ist eine besonders ebene Optik des Betons bei Bauherren und
Architekten erwünscht.

Ein saugendes Schalmaterial sorgt dafür, dass die Eigenstruktur des
Materials auf die Betonoberfläche übertragen wird. So kann die Mase-
rung einer Holzschalung abgebildet werden, auch ist es möglich, andere
Materialien zu imitieren.

Eine zusätzliche Möglichkeit, ein Oberflächenrelief zu erzeugen, besteht im Einlegen von Matrizen in die Schalung. Diese meist aus Kunststoff bestehenden Elemente können nahezu jedes Motiv oder Muster herstellen. Der Fantasie sind hier kaum Grenzen gesetzt. Es können auch
andere Objekte aus dem Alltag oder der Natur als Gestaltungsmittel in
die Schalung eingebracht werden. > Abb. 31

Nachbehandlung   Auch nach der Herstellung lässt sich die Oberfläche eines Betonbauteils in seiner Optik manipulieren. Die Nachbehandlungsmethoden kann
man grob in chemische, handwerkliche, technische und mechanische
Verfahren unterteilen. > Tab. 11

Chemische Nachbehandlungsmethoden sind beispielsweise das Absäuern oder die oft verwendete Optik des Waschbetons. Beim Absäuern
wird mittels einer verdünnten Säure die oberste Zementhaut abgerieben.
Der Waschbeton wird hingegen mit Verzögerern abgerieben, wodurch

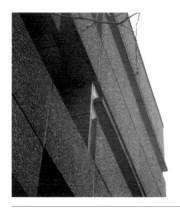

Abb. 32: Waschbetonfassade

Tab. 11: Nachbehandlungsmethoden

Chemische Nachbehandlung	Absäuern mit verdünnter Säure	Waschbeton	Fotobeton	
Handwerkliche Nachbehandlung	Bossieren: mit Bossierhammer oder Setzeisen	Spitzen: mit Spitz-eisen und Hammer	Scharrieren: mit Scharriereisen oder -maschine	Stocken: Mit Pressluftmeißel
Technische Nachbehandlung	Sand- oder Flamm-strahlen			
Mechanische Nachbehandlung	Polieren	Schleifen		

verschiedene Gesteinskörnungen zum Vorschein kommen. > Abb. 32 Der Fotobeton kann sogar exakte Grafiken darstellen. Mit Hilfe eines Sieb-druckverfahrens werden auf der Oberfläche helle und dunkle Farbverläufe hergestellt.

Handwerkliche Nachbehandlungen werden durch Abtragung der obersten Betonschicht mit Hilfe verschiedener Werkzeuge durchgeführt. Es können Bossierhammer oder Setzeisen, Spitzeisen und Hammer ein-gesetzt werden. Beides erzeugt eine raue, aufgehellte Oberfläche. Beim Bossieren können Oberflächen und Kanten bis zu 6 mm tief bearbeitet werden, wogegen beim Spitzen bis zu 10 mm Tiefe erreicht werden. Das Scharrieren erfolgt mit einer Scharriermaschine oder dem Scharriereisen und stellt eine gleichmäßig strukturierte Oberfläche her. Beim Stocken wird ein Pressluftmeißel eingesetzt, der eine etwas gröbere Ober-fläche erzeugt. > Abb. 33

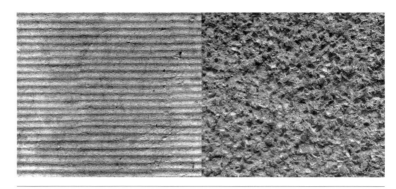

Abb. 33: Scharrierte (links) und gestockte (rechts) Oberfläche

Die technische Nachbearbeitung bezeichnet die Verwendung von Sand- oder Flammstrahlen, was die oberste Betonschicht verändert. Im Gegensatz dazu wird bei der mechanischen Behandlung der Beton unter anderem durch Polieren oder Schleifen bearbeitet und anschließend lasiert oder gewachst. Hier entsteht eine glatte, feine Oberfläche.

Alterung und Verschmutzung

Die Planungen sollten nicht nur das neu erstellte Bauteil umfassen, sondern auch dessen Alterungsprozess berücksichtigen. Verschmutzungen durch Umwelteinflüsse, Abgase, Regenwasser usw. können schon nach kurzer Zeit zu massiven Veränderungen im Erscheinungsbild führen. Planerisch sind dafür Ausrichtungen und Windrichtungen, aber auch voraussichtliche Strömungsbilder von Regenwasser zu beachten, um Schlieren zu vermeiden. Gleiches gilt für die Neigung des Bauteils und dessen Oberflächenbeschaffenheit. Diese kann – neben gestalterischen Effekten – hinsichtlich ihrer Fähigkeiten manipuliert werden.

So kann beispielsweise die Oberfläche wasserdicht hergestellt werden. Dies erfolgt durch Silikonharze, die die oberflächennahen Poren imprägnieren. Diesen Prozess nennt man Hydrophobierung. Das Bauteil bleibt dennoch diffusionsoffen, aber Wasser perlt einfach ab. Durch die Imprägnierung können außerdem Ausblühungen verhindert werden, da kein Wasser mehr eindringen kann.

Zum Schutz vor Graffiti gibt es ebenfalls bestimmte Behandlungsmöglichkeiten, da die Farben meist nicht durch einen einfachen Anstrich überdeckt werden können. Die sogenannte Opferbeschichtung stellt eine Behandlung der Betonoberfläche mit Wachsen dar. Sie ist dadurch leicht zu reinigen, allerdings fällt die Schicht der Reinigung zum Opfer. Nach einer Reinigung muss sie erneut vollflächig aufgebracht werden. Eine Alternative dazu ist die Permanentbeschichtung. Sie ist länger haltbar als die Opferbeschichtung, setzt allerdings die Diffusionsfähigkeit in der Wand herab.

Wie auch für andere Baustoffe gibt es für Beton viele Anforderungen, die durch Normen und Richtlinien geregelt sind. Die Bauteile müssen geplant, geprüft und zugelassen werden, bevor sie letztendlich zur Ausführung kommen. Im Folgenden werden die einzelnen Bauteile differenziert betrachtet und ihre Eigenarten erläutert.

Das Fügen von Bauteilen beinhaltet immer, unterschiedliche Schichten wie zum Beispiel Dichtungen oder Schutzfolien zu verbinden und die lückenlose Funktion zu gewährleisten. In Bezug auf den Stahlbeton ergeben sich hier einige Besonderheiten. Die konstruktive Verbindung zweier Bauteile aus Stahlbeton erfolgt in der Regel über eine Anschlussbewehrung. Diese variiert je nach Herstellungsweise. Fertigteile und Ortbeton können so leicht verbunden werden, ebenso der reine Ortbeton. Bei der Fügung von Fertigteilen muss mit der Ausformung von Auflagern gearbeitet werden.

GRÜNDUNG

Die Gründung hat die Aufgabe, die Lasten eines Bauwerkes an den tragenden Baugrund abzugeben. Hierbei ist es notwendig, die Tragfähigkeit des Bodens oder eine entsprechend geeignete Schicht zu ermitteln. Zusammen mit dem statischen System des Baukörpers wird dann die geeignete Gründung für die Lastabtragung des Gebäudes an den Baugrund geplant.

Jede Gründung muss frostfrei ausgeführt werden. Dabei muss in Mitteleuropa eine Tiefe von 80 cm unter Oberkante Boden gewährleistet sein. Sollte eine Gründung eine solche Tiefe nicht von sich aus erreichen, muss eine Frostschürze ergänzt werden oder das Fundament entsprechend tiefer ausgeführt werden. > Abb. 34

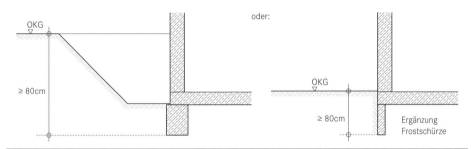

Abb. 34: Frostfreie Gründung

Tab. 12: Mögliche Arten von Wasser im Boden

Nicht drückendes Wasser		
Bodenfeuchtigkeit	Feuchtigkeit, die im Boden kapillarmäßig gebunden ist. Entsteht beispielsweise durch Durchsickern von Niederschlag bei wasserdurchlässigen Böden.	
Sickerwasser	Wasser, das sich durch die Schwerkraft Richtung Grundwasser bewegt	
	Nicht stauendes Sickerwasser	Fließt nahezu ungehindert ab (Kies- oder Sandböden)
	Aufstauendes Sickerwasser	Staut sich zeitweise oberhalb weniger durchlässiger Bodenschichten
Drückendes Wasser		
Stauwasser	Staut sich an weniger durchlässigen Bodenschichten und läuft im Gegensatz zum Sickerwasser nicht zeitnah ab, übt Druck auf das Bauteil aus.	
Schichtwasser	Gibt es in schlecht durchlässigem Boden Schichten mit einer besseren Wasserdurchlässigkeit, fließt das Wasser in dieser Schicht auf das Gebäude zu und übt Druck aus.	
Grundwasser	Wasserspiegel im Erdreich, übt Druck auf das Gebäude aus, wenn dieses in den Bereich des Grundwassers eintaucht.	

Tab. 13: Anforderungen an die „weiße Wanne"

Beanspruchungsklasse 1	Drückendes und nicht drückendes Wasser und zeitweise aufstauendes Sickerwasser
Beanspruchungsklasse 2	Bodenfeuchte und nicht stauendes Sickerwasser
Nutzungsklasse A	Kein Wasserdurchtritt
Nutzungsklasse B	Feuchtstellen an den Fugen oder Rissen sind akzeptiert

Abdichtung

Die erdberührten Bauteile müssen vor Feuchtigkeit geschützt werden. Man unterscheidet generell zwischen nicht drückendem und drückendem Wasser. > Tab. 12

Im Falle von nicht drückendem Wasser kann eine normale Abdichtung gegen Bodenfeuchte, beispielsweise mit einem bituminösen Anstrich, verbaut werden. Wenn drückendes Wasser auftritt, muss der Gründungskörper gegen eindringendes Wasser geschützt werden. Dies kann mit einer bituminösen Abdichtung („schwarze Wanne") oder über eine wasserundurchlässige Ausführung von Stahlbetonbauteilen („weiße Wanne") erfolgen.

Die „schwarze Wanne" wird durch einen mehrschaligen Aufbau der erdberührenden Bauteile hergestellt. Zusätzlich ist das Aufbringen von Dichtbahnen notwendig, weswegen die schwarze Wanne ihren Namen trägt. > Abb. 35

Eine „weiße Wanne" wird aus WU-Beton gefertigt und benötigt grundsätzlich keine weitere Abdichtungsschicht. Diffusion oder kapillare Wirkungen können allerdings die Dichtigkeit beeinflussen. Sie ist also nicht absolut dicht und muss je nach Anforderungen durch besondere Zusatzmittel und eine genaue Fugenausbildung optimiert werden. Für die Herstellung von dichten Fugen gibt es unterschiedliche Möglichkeiten. Zum

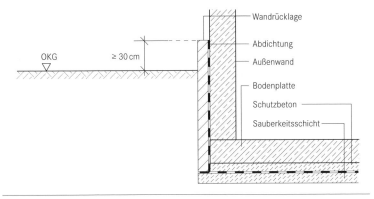

Abb. 35: Eine „schwarze Wanne"

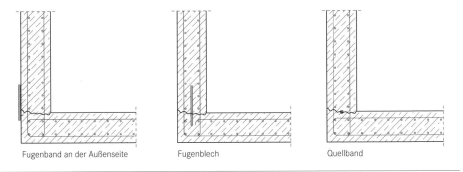

| Fugenband an der Außenseite | Fugenblech | Quellband |

Abb. 36: Fugenabdichtung

einen können konstruktiv Fugenbänder aus Thermoplast oder Elastomer oder Fugenbleche aus Metall eingelegt werden, zum anderen wird oftmals eine nachträgliche Verdichtung der Fugen durchgeführt.

Fugenbänder schützen vor eindringender Feuchtigkeit in den Bauteilfugen ohne durchlaufende Bewehrung, während Fugenbleche (beschichtete oder unbeschichtete) meist bei Bauteilen mit durchgehender Bewehrung in die angrenzenden Bauteile einbetoniert werden. > Abb. 36

Die „weiße Wanne" muss bestimmte Anforderungen erfüllen. So beträgt die Sohl- und Wanddicke mindestens 25 cm, und je nach Nutzung und Bodengegebenheiten müssen Beanspruchungs- und Nutzungsklassen erfüllt werden. > Tab. 13   ○

○ **Hinweis:** Fugenbänder oder -bleche überbrücken die Fugen in Betonierabschnitten, die trotz ansonsten homogener WU-Betonfläche konstruktiv Wassereintritt erzeugen. Zu ihnen gehören in der Regel der Übergang von Bodenplatte zu aufgehenden Kellerwänden, aber auch Betonierabschnitte in Wänden selbst oder Pumpensumpfe und andere Durchdringungen.

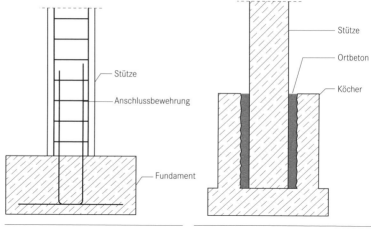

Abb. 37: Anschlussbewehrung Stütze

Stütze

Anschlussbewehrung

Fundament

Stütze

Ortbeton

Köcher

Abb. 38: Köcherfundament

Alternativen, die aber eine produktabhängige Zulassung erfordern, sind Verpressschläuche, Injektionsschläuche oder Quellbänder. Quellbänder können etwa zwischen die Bewehrungsstäbe gelegt werden, quellen bei Kontakt mit Wasser auf und verdichten die Fuge. In allen Fällen muss die Bewehrungsführung an die Fugenabdichtung angepasst werden.

Punktfundament

Punktfundamente dienen zur Abtragung punktueller Lasten aus dem Bauwerk, etwa die einer Stütze. Sie können vor Ort betoniert oder als Fertigteil hergestellt werden. Bei biegesteif verbundenen Stützen wird die Verbindung über eine Anschlussbewehrung hergestellt. > Abb. 37

Eine Variante des Punktfundamentes ist das Köcherfundament > Abb. 38 und 39, das unter anderem für Fertigteilstützen verwendet wird. Die Stütze wird in den Köcher einbetoniert und geht somit eine biegesteife Verbindung ein.

Streifenfundament

Die Funktion eines Streifenfundamentes ist analog zu der des Punktfundamentes die Abtragung linearer Lasten aus dem Bauwerk. Streifenfundamente werden daher meist unter den tragenden Wänden angeordnet. > Abb. 40 Je nach Dimension und Belastung können Streifenfundamente mit und ohne Bewehrung ausgeführt werden. Unbewehrte Fundamente

■ **Tipp:** Sind im Erdreich gelegene Räume mit hochwertiger Nutzung versehen, sodass der Feuchteeintritt auf jeden Fall verhindert werden muss, kann die Kombination von zwei Verfahren (z. B. „weiße Wanne" mit schwarzer Außenabdichtung oder Fugenbleche und Verpressschläuche) sinnvoll sein. Im Nachhinein lassen sich mangelhaft ausgeführte Wannen nur bedingt nachverdichten.

Abb. 39: Köcherfundamente

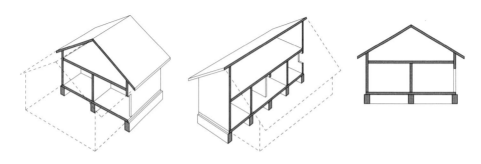

Abb. 40: Anordnung von Streifenfundamenten

können in besonders einfachen Lastfällen mit Hilfe eines maßgerechten Aushubs und einer Betonauffüllung ohne Schalung erstellt werden. Wenn Fundamente bewehrt und eingeschalt werden müssen, sollte das dementsprechend im Gesamtaushub mit umlaufenden Arbeitsräumen berücksichtigt werden.

Generell kann eine Flachgründung auch als Plattengründung ausgebildet werden. Dabei übernimmt eine entsprechend dimensionierte Bodenplatte die Lastableitung auf den Baugrund. Sie kann bei schlechter Bodentragfähigkeit und auch bei tragfähigen Böden eingesetzt werden. Die gleichmäßige Lastverteilung kann Setzungen und Rissen vorbeugen. Die Plattengründung muss auf einer Sauberkeitsschicht und einer kapillarbrechenden Schicht erfolgen. Die Sauberkeitsschicht sorgt für einen glatten Betoniergrund und erfüllt die Funktion der unteren Schalung. Sie ist die einzige Möglichkeit, die Überdeckung der unteren Bewehrung zu gewährleisten. > Abb. 41

Plattengründung

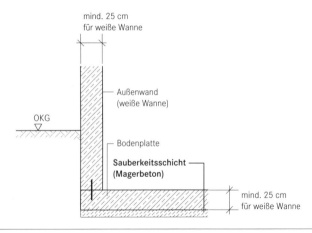

Abb. 41: Flachgründung mit Sauberkeitsschicht

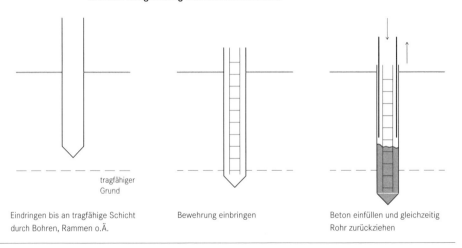

Eindringen bis an tragfähige Schicht durch Bohren, Rammen o.Ä.	Bewehrung einbringen	Beton einfüllen und gleichzeitig Rohr zurückziehen

Abb. 42: Herstellung einer Pfahlgründung

Pfahlgründung

Bei wenig tragfähigen Böden oder tieferliegenden Tragschichten werden Pfahlgründungen angewendet. > Abb. 42 Die Pfähle können als Fertigteil, in Ortbeton oder als Verbundpfähle hergestellt werden. Dafür wird der Ortbeton direkt ins Bohrloch betoniert. Fertigpfähle werden im Ganzen oder als Einzelteile im Werk hergestellt. In der Verbundbauweise wird ein Tragglied aus Stahl oder Beton in ein Bohrloch eingelassen und mit Zementmörtel verpresst. Der Einbau kann durch Rammen, Bohren, Spülen, Verpressen, Rütteln oder Schrauben erfolgen. Die tiefe Lage der Pfähle kann auch für Geothermiezwecke genutzt werden. Je nach Baugrund und Bauaufgabe gibt es verschiedene Sonderformen der Pfahlgründung und individuelle Kombinationsmöglichkeiten mit anderen Gründungsformen.

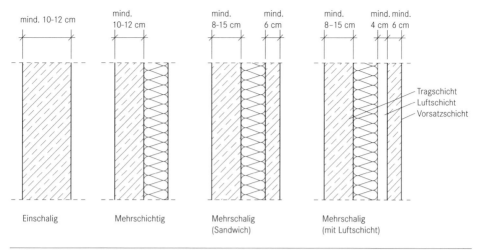

| mind. 10-12 cm | mind. 10-12 cm | mind. 8-15 cm | mind. 6 cm | mind. 8-15 cm | mind. 4 cm | mind. 6 cm |

Tragschicht
Luftschicht
Vorsatzschicht

| Einschalig | Mehrschichtig | Mehrschalig (Sandwich) | Mehrschalig (mit Luftschicht) |

Abb. 43: Prinzipien des Wandaufbaus

WAND

Eine Wand nimmt ihrer Ausformung entsprechend lineare Lasten auf und ist auf unterschiedliche Arten herstellbar. Neben den vertikalen Lasten werden aber auch die Aussteifung und die Aufnahme von horizontalen Lasten durch die Scheibenwirkung einer Wand ermöglicht. Genauso können Wände aus Beton als raumabschließende, nichttragende Elemente ausgeführt werden oder auch als vorgehängte Fassadenelemente.

Stahlbetonwände als Außenhaut müssen in jedem Fall mit einer Dämmung ergänzt werden, um die Wärmeschutzanforderungen zu erfüllen. Die Mindestdicke einer Stahlbetonwand in Ortbeton beträgt 10 cm, solange sie unter einer durchlaufenden Decke angeordnet ist. Ansonsten muss sie mindestens 12 cm stark sein. Aus Schallschutzgründen haben Betonwände im Wohnungsbau meist eine Dicke vom 18 cm.

Vorgefertigte Wandelemente können ein- oder mehrschichtig sein. Ein häufig verwendetes Element ist das Sandwichelement, das schon ab Werk die statischen, bauphysikalischen und gestalterischen Ansprüche erfüllt. Es besteht aus einer Tragschicht, der Wärmedämmung und der Vorsatzschale, der je nach Bedarf eine Luftschicht ergänzt wird. Öffnungen und Leistungskanäle können ebenso schon im Werk integriert werden. > Abb. 43

Stahlbetonwände, die als Fertigteile hergestellt werden, müssen unter durchlaufenden Decken insgesamt mindestens 8 cm stark sein, außenliegend mindestens 10 cm.

Besteht das Fertigteil aus Tragschicht, Dämmung und Vorsatzschicht, muss die Tragschicht je nach Belastung 8–15 cm stark sein. Sie wird nach statischen Vorgaben bemessen und bewehrt. Die Vorsatzschicht ist meist um die 6 cm dick. Wenn die Oberfläche später nachbehandelt wird,

Vorgefertigte Wandelemente

muss die äußere Schicht gegebenenfalls etwas dicker ausgeführt werden, um durch die Abtragungen die Bewehrungsüberdeckung trotzdem zu gewährleisten. > Kap. Konstruktionsweise, Oberflächen

Die maximalen Abmessungen der Fertigteilelemente richten sich nach Produktions-, Transport- und Montagemöglichkeiten. Übliche Abmessungen liegen bei 4–10 m. Die Vorsatzschicht darf bei Temperaturschwankungen keinen Spannungen ausgesetzt sein. Eine Platte sollte deswegen nicht größer als 15 m² sein, bei einer maximalen Breite von 5 m. Es entstehen unter Umständen mehr Fugen in der Vorsatzschicht als in der Tragschicht.

STÜTZE

Stahlbetonstützen können enorme Lasten punktuell weitergeben. Allerdings sind sie für die Aufnahme von horizontalen Kräften weniger geeignet und sollten hauptsächlich für die Druckbeanspruchung geplant werden. Herstellung und Betonierprozess einer Stütze erfordern bestimmte Planungsgrundlagen und Richtlinien. > Kap. Konstruktionsweise, Schalung und Betonierprozess Je nach Schalungswahl, Gestaltung und Wirtschaftlichkeit können unterschiedliche Querschnitte für Stützen gewählt werden. > Abb. 44

Vorgefertigte Stützen   Stützen können aber auch als Fertigteilelemente hergestellt werden. Bei einem Anschluss an ebenfalls vorgefertigte Träger- oder Deckenelemente kann der Übergang von Stützung zu Träger oder Decke nicht monolithisch ausgeführt werden, vielmehr ist die Ausbildung von Auflagern notwendig. > Abb. 45

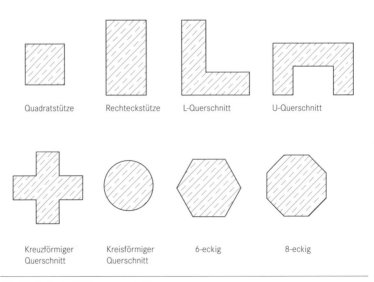

Quadratstütze   Rechteckstütze   L-Querschnitt   U-Querschnitt

Kreuzförmiger Querschnitt   Kreisförmiger Querschnitt   6-eckig   8-eckig

Abb. 44: Typische Stützenquerschnitte

Abb. 45: Fertigteilstützen

Eine weitere Variante ist die Verbundstütze, die im Prinzip aus mit Beton verfüllten Stahlträgerprofilen besteht. In dieser Variante ist keine Schalung notwendig, außerdem sind sehr dünne Stützenquerschnitte herstellbar. Umgekehrt kann aber auch ein Stahlträger mit Beton umhüllt werden, sodass ein tragender Kern entsteht. Die Mindestabmessung von Ortbetonstützen beträgt 20 cm und von Fertigteilstützen 15 cm, unabhängig von der Querschnittform.

TRÄGER

Träger können in den unterschiedlichsten Dimensionen ausgebildet werden und zum Überspannen von kleineren Öffnungen ("Sturz") oder als Teil einer Skelettkonstruktion verwendet werden. Ebenso kann ein Träger auch als Auflager oder Unterkonstruktion für eine Decke dienen, als Unterzug oder Überzug ausgebildet werden. Werden Balken und Decke monolithisch und kraftschlüssig hergestellt, so spricht man von dem System des Plattenbalkens. > Kap. Bauteile, Decke Dieses System wird in Ortbeton und meist in einem Arbeitsgang erstellt. Die Plattenbalken haben dann die statisch wirksame Höhe des eigentlichen Balkens, zu der zusätzlich die der Decke hinzugerechnet werden kann. > Abb. 46

Träger oder Balken werden meist als Vollquerschnitte hergestellt. Wegen der einfachen Fertigung und Schalung bieten sich Rechteckquerschnitte an. In Fertigteilbauweise können auch Profile wie T- und I-Träger zur Gewichtsreduzierung angefertigt werden. Hier gilt es abzuwägen,

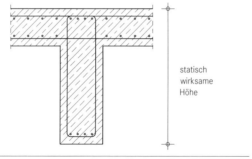

statisch
wirksame
Höhe

Abb. 46: Statisches System Plattenbalken

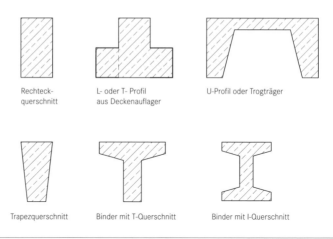

Rechteck-
querschnitt

L- oder T- Profil
aus Deckenauflager

U-Profil oder Trogträger

Trapezquerschnitt

Binder mit T-Querschnitt

Binder mit I-Querschnitt

Abb. 47: Typische Trägerquerschnitte

welche Herstellungsweise und Querschnittausbildung die wirtschaft-
lichste und am meisten effiziente ist. > Abb. 47

Aktuelle Entwicklungen des hochleistungsfähigen Betons zielen auf
immer schlankere Profile und machen auch Hohlprofile einfacher möglich. So können Beton und Gewicht eingespart werden.

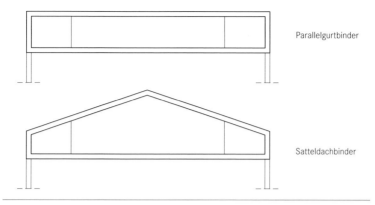

Parallelgurtbinder

Satteldachbinder

Abb. 48: Trägerformen

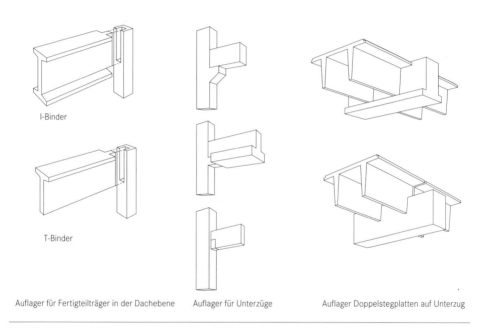

I-Binder

T-Binder

Auflager für Fertigteilträger in der Dachebene   Auflager für Unterzüge   Auflager Doppelstegplatten auf Unterzug

Abb. 49: Auflager und Fügungen unterschiedlicher Fertigteilelemente

Es lassen sich auch Träger herstellen, die sich der Form der Momentenlinie anpassen und so einerseits dem idealen Kräfteverlauf entsprechen, andererseits auch andere Dachformen mit Neigungen ermöglichen. > Abb. 48

Die Fügung von unterschiedlichen Fertigteilelementen erfordert in allen Bereichen das Ausbilden von Auflagerflächen. > Abb. 49

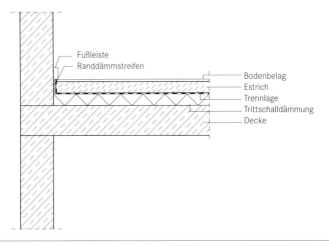

Abb. 50: Fußbodenaufbau

DECKE

Eine Decke im Betonbau kann in unterschiedlichen Systemen angefertigt werden. Die Standardausführung ist die vollflächige Ortbetondecke. Sie wird mit Hilfe eines Deckentisches eingeschalt, entsprechend
bewehrt und dann gegossen. Genauso kann aber auch mit Fertig- oder
Filigranbauteilen gearbeitet werden. > Kap. Konstruktionsweise, Fertigteile Als Zwi-
schendecke sind die unterschiedlichen Schichten zur Schallentkopplung
und der Bodenbelag variabel ausführbar. > Abb. 50 Eine Decke hat als lie-
gende Scheibe neben der Weiterleitung der Kräfte in vertikale Richtung
auch immer eine aussteifende Wirkung in der Horizontalen. Sie kann mit
oder ohne Vorspannung hergestellt werden. Decken im normalen Ge-
schossbau (Wohnungsbau) sind meist ab 18 cm Dicke verfügbar. Auf-
lagerpunkte und die Ausbildung von monolithischen Anschlüssen sind je
nach Wandmaterial unterschiedlich. > Abb. 51 und 52

Wenn es darum geht, unterschiedliche statische Systeme herzustellen, ist der Stahlbeton wieder äußerst effizient einsetzbar. Jegliche Form
von Balkenträgern, Balkendecken, Kastendecken oder Plattenbalken kann
ausgebildet werden. In Verbindung mit schlanken, eng gerasterten
Unterzügen > Kap. Bauteile, Träger entstehen auch monolithische Rippen-
decken. > Abb. 53 Sie haben ein geringes Eigengewicht und sind dennoch
sehr leistungsfähig. Die Rippen verlaufen in Abständen von 30 bis 70 cm
in Haupttragrichtung und sind filigraner als reguläre Unterzüge ausgebildet. In Fertigteilbauweise kommen häufig sogenannte Doppelstegplatten zum Einsatz. Sie bestehen aus zwei Rippen und den auskragenden
Deckenplatten. Die Fugen werden auf der Baustelle mit Ortbeton vergos-
sen oder durch Aufbeton ergänzt. > Abb. 54

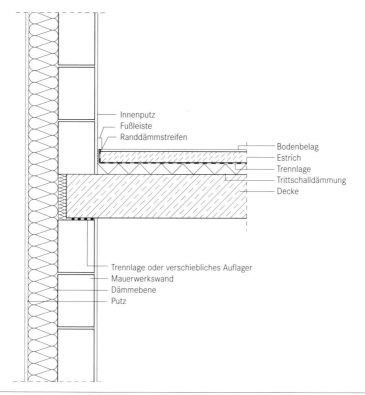

Innenputz
Fußleiste
Randdämmstreifen
Bodenbelag
Estrich
Trennlage
Trittschalldämmung
Decke

Trennlage oder verschiebliches Auflager
Mauerwerkswand
Dämmebene
Putz

Abb. 51: Deckenauflager auf Mauerwerkswand

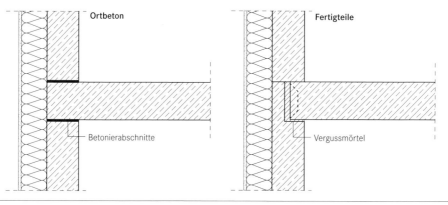

Ortbeton

Betonierabschnitte

Fertigteile

Vergussmörtel

Abb. 52: Deckenauflager auf Stahlbetonwand

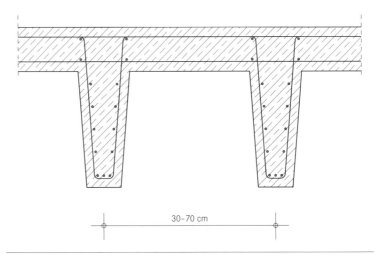

30-70 cm

Abb. 53: Rippendecke

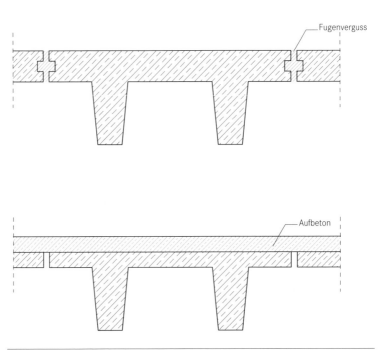

Fugenverguss

Aufbeton

Abb. 54: Doppelstegplatten

Abb. 55: Kassettendecke   Abb. 56: Trägerrost

Laufen die Rippen in beide Richtungen, bilden sie eine Kassettendecke aus. > Abb.55 Die Kassettendecke kann in zwei Richtungen spannen. Auch hier sorgt der monolithische Verbund mit der Decke für eine leistungsfähige Tragwirkung des Systems. Allerdings ist die Herstellung, vor allem was die Schalung betrifft, recht aufwendig. Die Rippen könnten theoretisch sogar dem Kräfteverlauf im Bauteil angepasst werden, was aber die Herstellung erschweren kann.

Sind die Rippen ohne zugehörige Deckenplatte ausgeführt, um beispielsweise transparente Böden und Dächer herzustellen, entspricht dies dem System des Trägerrostes. > Abb.56 Ähnlich wie im Stahlbau kann so eine flächige Tragwirkung aus linearen Bauteilen erzeugt werden.

Auch Flachdecken, die nur auf Stützen gelagert sind und keine Unterzüge als Auflager benötigen, sind möglich. Sie werden dementsprechend stärker ausgebildet und in der Regel für Spannweiten zwischen 7 und 8 m verwendet, da sie ansonsten durch ihre Massivität nicht mehr wirtschaftlich einsetzbar sind. Flachdecken können besonders gut für freie Grundrisse gewählt werden, da sie es erlauben, Untersichten ohne Unterbrechungen herzustellen, und somit sehr variabel sind.

Um die enormen Kräfte, die bei einer Flachdecke an den Stützen entstehen, auffangen zu können, werden oftmals sogenannte Durchstanzbewehrungen benötigt. Diese erzeugen um die Stütze herum einen erhöhten Bewehrungsgrad, sodass Stützen von Flachdecken meist nicht direkt an der Deckenkante bzw. Fassade angeordnet werden können. > Abb.57 Eine Variante zur Abfangung der Auflagerlasten bietet die Pilzdecke. > Abb.58 Sie wird auf Stützen gelagert, die über einen ausgeprägten Stützenkopf zur besseren Lastverteilung verfügen, und ermöglicht eine statisch optimierte Ausnutzung. Allerdings ist der Aufwand der Schalung für die Stützen deutlich größer.

Um Masse und Gewicht zu sparen, können auch, je nach statischer Beanspruchung, Hohlkörper in nicht benötigte Querschnitte eingelegt werden (Hohlkörperdecke).

Hohlkörperdecken können vorgespannt oder mit schlaffer Bewehrung hergestellt werden. Sie besitzen in Längsrichtung durchgehende Hohlräume und können dementsprechend einachsig gespannt werden.

Hohlkörperdielen

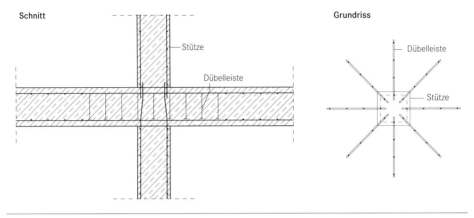

Abb. 57: Durchstanzbewehrung

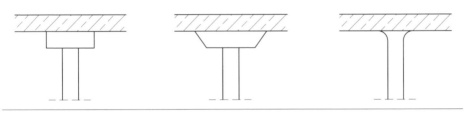

Abb. 58: Pilzstützen

Die Platten werden durch Verzahnung, Quer- und Längsbewehrung und Fugenverguss kraftschlüssig miteinander verbunden. Neben dem Fugenverguss gibt es auch Varianten, bei denen mit einer Schicht aus Aufbeton gearbeitet wird, der entweder lastverteilende oder mitwirkende Funktionen erfüllt. Je nach Ausführung wirkt die Decke als Scheibe und kann auch horizontale Lasten aufnehmen.

Vorgespannte Hohlkörperdecken ermöglichen große Stützweiten bei einer geringen Plattenhöhe. Sie werden nur mit Spanndrahtlitzen in Längsrichtung bewehrt, die erforderliche Zugbewehrung liegt an der Plattenunterseite im Bereich der Stege. In der Regel sind die Elemente 0,80 m – 1,20 m breit und 16–40 cm dick.

Durch die Vorfertigung der Elemente und den leichten Transport mittels Mobil- oder Baukran direkt vom Transportfahrzeug ermöglichen die Hohlkörperdielen einen zügigen und wirtschaftlichen Bauablauf. Sie können ohne Abstützung verlegt werden und sowohl mit Stahl-, Stahlbeton- oder Mauerwerkswänden verbunden werden. Wichtig ist der umlaufende Ringanker, der ausbetoniert wird. > Abb. 59, 60 und 61

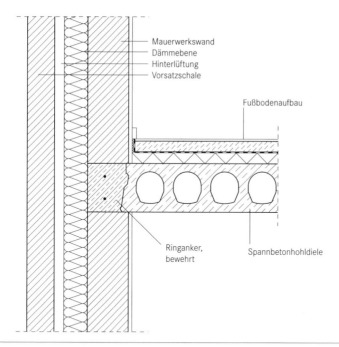

Mauerwerkswand
Dämmebene
Hinterlüftung
Vorsatzschale

Fußbodenaufbau

Ringanker, bewehrt

Spannbetonhohldiele

Abb. 59: Anschluss von Hohlkörperdielen an Mauerwerkswand

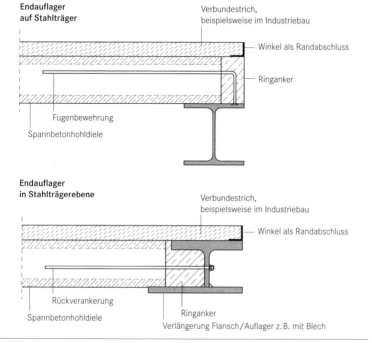

Endauflager
auf Stahlträger

Verbundestrich,
beispielsweise im Industriebau

Winkel als Randabschluss

Ringanker

Fugenbewehrung

Spannbetonhohldiele

Endauflager
in Stahlträgerebene

Verbundestrich,
beispielsweise im Industriebau

Winkel als Randabschluss

Rückverankerung

Spannbetonhohldiele

Ringanker
Verlängerung Flansch / Auflager z. B. mit Blech

Abb. 60: Anschlüsse von Hohlkörperdielen an Stahlkonstruktion

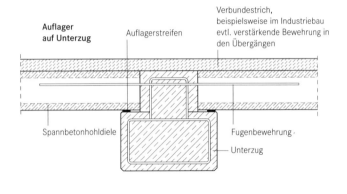

Auflager auf Unterzug

Auflagerstreifen

Verbundestrich, beispielsweise im Industriebau evtl. verstärkende Bewehrung in den Übergängen

Spannbetonhohldiele

Fugenbewehrung

Unterzug

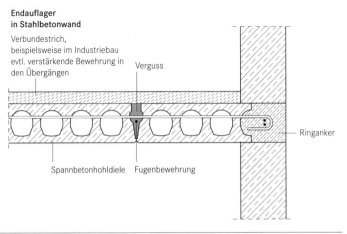

Endauflager in Stahlbetonwand

Verbundestrich, beispielsweise im Industriebau evtl. verstärkende Bewehrung in den Übergängen

Verguss

Ringanker

Spannbetonhohldiele

Fugenbewehrung

Abb. 61: Anschluss von Hohlkörperdielen an Stahlbetonwand und -unterzug

Die Verwendung von Stahlbeton ermöglicht einerseits eine optimale Ausnutzung von Material und Tragwirkung und andererseits die Integration von anderen Gebäudefunktionen. So können statisch nicht wirksame Querschnitte beispielsweise mit der Betonkernaktivierung oder anderen Installationen kombiniert werden.

○ **Hinweis:** Die Betonkernaktivierung oder auch Bauteilaktivierung stellt ein System aus Heiz- oder Kühlleitungen dar, die mit Wasser oder Luft verfüllt durch die Betonbauteile geleitet werden. Das System nutzt die hohe Dichte des Betons und somit seine Speicherfähigkeit, um die Temperatur im Gebäude zu regulieren. Es kommt also durch die verlegten Rohre zu einer zeitverzögerten Abgabe von Wärme oder Kälte.

Die Planung von Öffnungen ist für Wand- und Deckenbauteile glei-
chermaßen wichtig. Sie müssen bei der Schal- und Bewehrungsplanung
und der Herstellung berücksichtigt werden. Gerade bei Deckendurch-
brüchen ist das statische System besonders wichtig, da Öffnungen nicht
in den Bereichen liegen sollten, die die Decke am meisten beanspruchen.
Gerade bei optimierten Systemen wie Spannbetonhohldielen sind nachträgliche Durchdringungen nur noch in sehr eingeschränktem Maß herstellbar. Es muss vorausschauend geplant werden, in welche Richtung(en)
die Decke spannt, wie Unterzug- und Bewehrungssysteme verlaufen und
wo gegebenenfalls Verstärkungen kalkuliert werden müssen.

DACH UND ATTIKA

Eine Stahlbetondecke kann als Flachdach den oberen Gebäude-
abschluss bilden und die notwendigen Dämm- und Abdichtungsschich-
ten tragen. Konstruktiv sind auch geneigte Dächer aus Beton herstellbar,
wodurch der herkömmliche Wechsel zum Holzbau im Dachstuhl oftmals
hinfällig wird.

Vor allem beim Flachdach muss auf korrekte Abdichtung und eine
durchlaufende Dämmebene geachtet werden, um keine bauphysikalischen Schäden zu verursachen. Ein Dach aus Stahlbeton wird wie andere
Dächer auch aus der Tragschicht, einer Dampfsperre, der Dämmung und
der abschließenden Abdichtung mit Schutzschicht hergestellt. Ein Flachdach kann sich den Tragsystemen der Decken bedienen. Besonderes Augenmerk gilt allerdings der Entwässerung. Ein ausreichendes Gefälle von
mindestens 2 % muss gewährleistet werden. Die Entwässerung kann auch
durch das Innere des Gebäudes geführt werden. In diesem Fall entstehen Durchstoßpunkte durch die Abdichtung, die besonders sorgfältig
ausgeführt werden müssen. > Abb. 64 Das Gefälle wird meist nicht in Verbindung mit dem Tragsystem hergestellt, sondern nachträglich über einen zusätzlichen Gefällebeton oder eine Gefälledämmung ergänzt. Die
Attika kann auf unterschiedliche Arten ausgebildet werden, beispielsweise in Form einer monolithischen Aufkantung, sie kann aber auch thermisch getrennt werden. Hierdurch ändern sich die Aufbaustärken durch
zusätzliche Dämmmaßnahmen. > Abb. 62 und 63

THERMISCHE TRENNUNG

Ein häufig vorkommender Fügungspunkt ist der Anschluss einer Auskragung mit thermischem Übergang, beispielsweise einer Balkonplatte.
Hier bietet die thermische Trennung des Bauteils eine besondere Heraus-
forderung, da es die Außenhaut durchstößt. Einige Produkthersteller haben sich dieses Problems angenommen und Elemente entwickelt, die sowohl dämmen als auch die statische Verbindung herstellen.

Ähnlich wie bei der Attika gibt es grundsätzlich zwei Möglichkeiten
der Ausführung. Entweder man bedient sich der sogenannten Isokörbe zur
thermischen Trennung > Abb. 65, oder man muss die Balkonplatte beidseitig

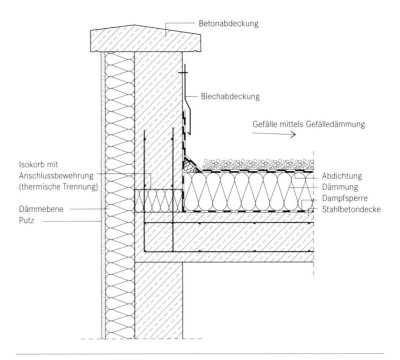

Betonabdeckung

Blechabdeckung

Gefälle mittels Gefälledämmung

Isokorb mit
Anschlussbewehrung
(thermische Trennung)

Abdichtung
Dämmung
Dampfsperre
Stahlbetondecke

Dämmebene
Putz

Abb. 62: Attika, thermisch getrennt

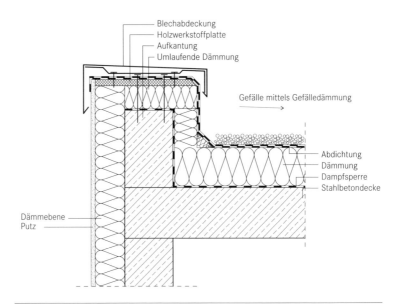

Blechabdeckung
Holzwerkstoffplatte
Aufkantung
Umlaufende Dämmung

Gefälle mittels Gefälledämmung

Abdichtung
Dämmung
Dampfsperre
Stahlbetondecke

Dämmebene
Putz

Abb. 63: Attika mit Aufkantung

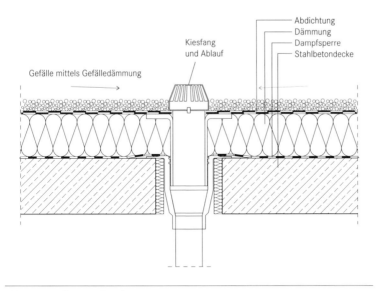

Gefälle mittels Gefälledämmung

Kiesfang
und Ablauf

Abdichtung
Dämmung
Dampfsperre
Stahlbetondecke

Abb. 64: Innenliegende Entwässerung

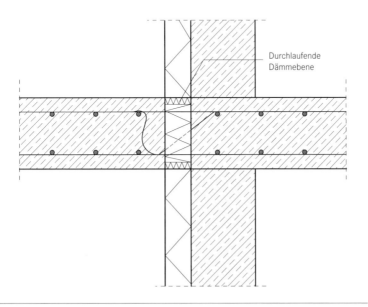

Durchlaufende
Dämmebene

Abb. 65: Thermisch getrennte Auskragung

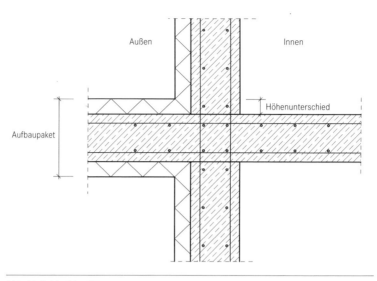

Außen   Innen

Höhenunterschied

Aufbaupaket

Abb. 66: Beidseitige Dämmung

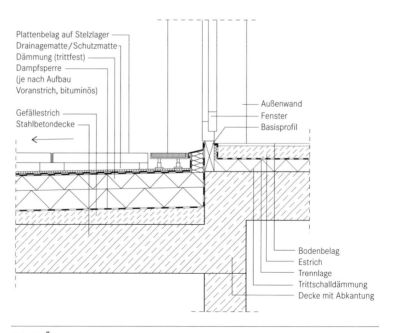

Plattenbelag auf Stelzlager
Drainagematte / Schutzmatte
Dämmung (trittfest)
Dampfsperre
(je nach Aufbau
Voranstrich, bituminös)

Gefällestrich
Stahlbetondecke

Außenwand
Fenster
Basisprofil

Bodenbelag
Estrich
Trennlage
Trittschalldämmung
Decke mit Abkantung

Abb. 67: Übergang zur Loggia mit abgekanteter Stahlbetondecke

dämmen. > Abb. 66 Dies erfordert natürlich einen entsprechenden Mehraufwand an Material, aber auch bei der optischen finalen Plattendicke.

Handelt es sich nicht um eine auskragenden Platte, sondern beispielsweise um eine Loggia über einem Aufenthaltsraum, ergeben sich zwischen Innen- und Außenraum große Aufbauunterschiede. Hier muss planerisch schon frühzeitig reagiert werden. > Abb. 67 Wenn die Abkantung der Stahlbetondecke aus gestalterischen Gründen nicht möglich ist, muss mit Deckenabhängungen oder Stufen gearbeitet werden.

TREPPEN

Aufgrund ihrer Geometrie und Aufgabe ist die Treppe ein hochkomplexes Bauteil. Höhen, Schrittmaßregeln und Materialwahl spielen eine große Rolle. Auch die exakte Ausführung, Untersichten und Oberflächen sind wichtig. Beton bietet als Baustoff sehr gute Möglichkeiten in Gestaltung, Tragwirkung und Herstellung. Er kann als Treppe in Fluchttreppenhäusern alle Anforderungen an Feuer- und Hitzebeständigkeit, Schallentkopplung und Geometrie erfüllen.

Treppen in Ortbetonbauweise lassen sich jedem Grundriss vor Ort anpassen. Auch leichte Toleranzen von schon hergestellten Bauteilen lassen sich ohne Weiteres ausgleichen. Fertigteiltreppen erlauben dagegen keine Maßabweichungen, ermöglichen aber eine saubere und schnelle Herstellung. Es ist zu berücksichtigen, dass das Einheben eines vorgefertigten Treppenlaufes durch ein entsprechend großes Treppenauge möglich ist. Das Hauptaugenmerk gilt selbstverständlich den grundsätzlichen Regeln der Schrittmaße. > Tab. 14

Tab. 14: Grundlegende Maße für Treppen

Gebäudeart	Treppenart	Nutzbare Laufweite min. [cm]	Steigung s min. [mm]	Auftritt a max. [mm]	Auftritt a min. [mm]
Wohngebäude mit bis zu zwei Wohnungen	Baurechtlich notwendige Treppe	80	140	200	230
	Baurechtlich nicht notwendige (zusätzliche) Treppe	50	140	210	210
Gebäude im Allgemeinen	Baurechtlich notwendige Treppe	100	140	190	260
	Baurechtlich nicht notwendige (zusätzliche) Treppe	50	140	210	210

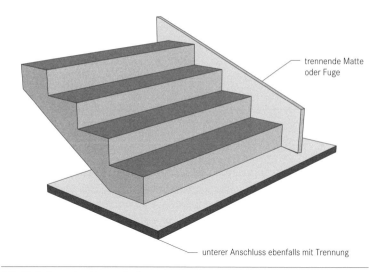

trennende Matte
oder Fuge

unterer Anschluss ebenfalls mit Trennung

Abb. 68: Entkoppelter Treppenlauf

Schallentkopplung Ein besonderes Augenmerk gilt der Schallentkopplung von Treppen-
läufen und -podesten. Genau wie bei der thermischen Trennung von auskragenden Bauteilen können sogenannte Isokörbe oder eine einfache
baukonstruktive Trittschallentkopplung eingesetzt werden.

Es gibt mehrere Möglichkeiten und Kombinationen, die Schallentkopplung vorzunehmen, wobei sowohl der Treppenlauf als auch die
Podeste zu entkoppeln sind. Der Treppenlauf kann zunächst durch eine
einfache Fuge von der Treppenhauswand getrennt werden. Diese darf
nicht breiter als 6 cm sein. Auf diese Weise ist die Schallübertragung ohne
zusätzliche Maßnahmen unterbrochen. Soll der Treppenlauf an die Treppenhauswand anschließen, kann man mit schallentkoppelnden Matten
zwischen Lauf und Wand arbeiten. > Abb. 68

Abgesehen von der Entkopplung zur Wand müssen auch jeweils der
obere und untere Anschlusspunkt des Treppenlaufes entkoppelt werden.
Am Startpunkt der Treppe kann hier ebenfalls eine Matte verwendet werden. Der obere Anschluss an das Podest erfolgt dann über entsprechende
Auflager oder Isokörbe.

Fertigteiltreppenläufe können über zuvor ausgebildete Auflager an
das Podest angeschlossen werden. > Abb. 69 In Ortbetonbauweise können
entsprechende Produkte mit integrierter Anschlussbewehrung verwendet werden. > Abb. 70

Auch für die Entkopplung der Treppenpodeste sind verschiedene
Varianten anwendbar. Grundsätzlich ist die Entkopplung über einen
herkömmlichen Fußbodenaufbau mit schwimmend verlegtem Estrich

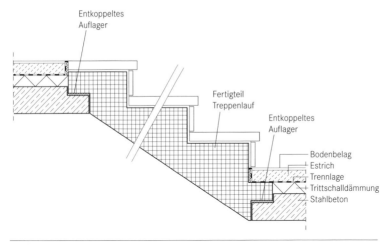

Abb. 69: Fertigteiltreppenlauf an Podesten mit schwimmendem Estrich

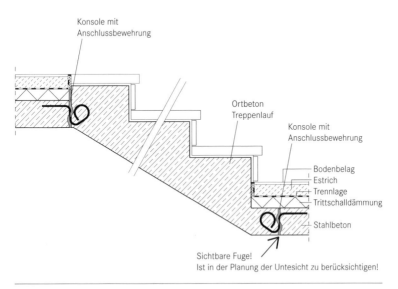

Abb. 70: Oberer und unterer Anschluss Ortbetontreppenlauf

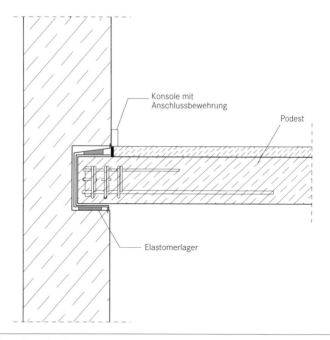

Konsole mit
Anschlussbewehrung

Podest

Elastomerlager

Abb. 71: Konsole mit Anschlussbewehrung

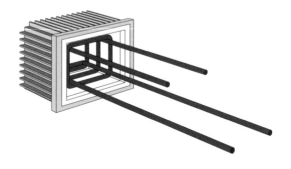

Abb. 72: Isokorb mit Anschlussbewehrung

möglich und sinnvoll, da Aufbauhöhen zu den Regelgeschossen auf gleichem Niveau gehalten werden. Beispielsweise für Zwischenpodeste kann aber die Entkopplung über Konsolen nützlich sein. > Abb. 71 und 72 Der Belag auf dem Podest kann dann variieren.

Schlusswort

Beton ist ein Baustoff, der aufgrund seiner enormen Vielfalt und stetigen Verbesserung im Laufe der vergangenen Jahrzehnte noch immer einer der wichtigsten im Bauwesen ist. Der Baustoff besteht aus vielen Bestandteilen, die als Stellschrauben für seine Leistungsfähigkeit verwendet werden. Seien es die Bewehrungsmaterialien oder -arten, Zuschläge oder Betoniervorgänge, die Bandbreite erzeugt Einsatzmöglichkeiten von großen Brückentragwerken bis zu feingliedrigen Fassadenstrukturen oder sogar bis zum Möbel- und Objektbau.

Neue Rezepturen, Bewehrungsmaterialien und -techniken lassen einen Fortschritt erhoffen, der den Beton sparsam, nachhaltig und somit zukunftsfähig macht. Daher werden sich auch zukünftig immer wieder neue Horizonte auf der gestalterischen und konstruktiven Ebene eröffnen.

Anhang

NORMEN UND RICHTLINIEN

DIN EN 197-1, Zement

DIN EN 206, Beton: Festlegung, Eigenschaften, Herstellung und Konformität

DIN EN 934-2, Zusatzmittel für Beton, Mörtel und Einpressmörtel

DIN EN 1008, Zugabewasser für Beton – Festlegung für Probenahme, Prüfung und Beurteilung der Eignung von Wasser, einschließlich bei der Betonherstellung anfallende Wasser, als Zugabewasser für Beton

DIN EN 1504, Produkte und Systeme für den Schutz und die Instandsetzung von Betontragwerken – Definitionen, Anforderungen, Qualitätsüberwachung und Beurteilung der Konformität

DIN EN 1520, Vorgefertigte Bauteile aus haufwerksporigem Leichtbeton und mit statisch anrechenbarer oder nicht anrechenbarer Bewehrung

DIN EN 1990, Eurocode: Grundlagen der Tragwerksplanung

DIN EN 1991, Eurocode 1: Einwirkungen auf Tragwerke

DIN EN 1992, Eurocode 2: Bemessung und Konstruktion von Stahlbeton- und Spannbetontragwerken

DIN EN 1994, Eurocode 4: Bemessung und Konstruktion von Verbundtragwerken aus Stahl und Beton

DIN EN 1998, Eurocode 8: Auslegung von Bauwerken gegen Erdbeben

DIN EN 10138, Spannstähle

DIN EN 12350, Prüfung von Frischbeton

DIN EN 12354, Bauakustik – Berechnung der akustischen Eigenschaften von Gebäuden aus den Bauteileigenschaften

DIN EN 12390, Prüfung von Festbeton

DIN EN 12620, Gesteinskörnungen für Beton

DIN EN 12812, Traggerüste – Anforderungen, Bemessung und Entwurf

DIN EN 12878, Pigmente zum Einfärben von zement- und/oder kalkgebundenen Baustoffen – Anforderungen und Prüfverfahren

DIN EN 13055-1, Leichte Gesteinskörnungen

DIN EN 13225, Betonfertigteile – Stabförmige tragende Bauteile

DIN EN 13369, Allgemeine Regeln für Betonfertigteile

DIN EN 13501, Klassifizierung von Bauprodukten und Bauarten zu ihrem Brandverhalten (Die Klassifizierungen nach DIN 4102 sind nicht direkt auf die europäische 13501-1 übertragbar.)

DIN EN 13670, Ausführung von Tragwerken in Beton

DIN EN 14487, Spritzbeton

DIN EN 14843, Betonfertigteile – Treppen

DIN EN 14889, Fasern für Beton

DIN EN 15037, Betonfertigteile – Balkendecken mit Zwischenbauteilen

ISO 21930, Hochbau – Nachhaltiges Bauen – Umweltdeklaration von Bauprodukten

ISO 21931, Sustainability in building construction – Framework for methods of assessment of the environmental performance of construction works

ISO 15686, Hochbau und Bauwerke – Planung der Lebensdauer

LITERATUR

Andrej Albert: *Bautabellen für Architekten: mit Entwurfshinweisen und Beispielen,* Bundesanzeiger Verlag, Köln 2014

Peter Beinhauer: *Standard-Detail-Sammlung Neubau: mit über 400 Detailkonstruktionen,* Rudolf Müller Verlag, Köln 2014

Beton Bauteile 2014, Bauverlag, Gütersloh 2013

Andrea Deplazes (Hrsg.): *Architektur Konstruieren,* 4. erw. Auflage, Birkhäuser Verlag, Basel 2013

Johann Eisele: *Tragsysteme und deren Wirkungsweise,* DOM Publ., Berlin 2014

Frank Fingerloos u. a.: *Eurocode 2 für Deutschland DIN EN 1992-1-1 Bemessung und Konstruktion von Stahlbeton- und Spannbeton-tragwerken – Teil 1-1 Allgemeine Bemessungsregeln und Regeln für den Hochbau mit nationalem Anhang;* kommentierte Fassung, Beuth Verlag, Berlin 2012

Manfred Hegger, Hans Drexler und Martin Zeumer: *Basics Materialität,* Birkhäuser Verlag, Basel 2014

Manfred Hegger u. a.: *Baustoff Atlas,* Edition Detail, Basel 2005

Institut für Internationale Architektur-Dokumentation: *Atlas Moderner Betonbau: Konstruktion, Material, Nachhaltigkeit,* Edition Detail, München 2013

Friedbert Kind-Barkauskas u. a.: *Beton-Atlas: Entwerfen mit Stahlbeton im Hochbau,* Verlag Bau und Technik, Düsseldorf 2001

Alfred Meistermann: *Basics Tragsysteme,* Birkhäuser Verlag, Basel 2007

José Luis Moro: *Baukonstruktion: Vom Prinzip zum Detail,* Springer, Berlin 2009

José Luis Moro, Matthias Rottner, Bernes Alihodži, Matthias Weissbach und Jörg Schlaich: *Konzeption,* Springer, Berlin 2009

Martin Peck, Hubertus Adam: *Baustoff Beton: Planung, Ausführung, Beispiele,* Edition Detail, München 2005

Heinz Ronner: *Baustruktur,* Birkhäuser Verlag, Basel 1995

Heinrich Schmitt: *Hochbaukonstruktion: die Bauteile und das Bau-gefüge. Grundlagen des heutigen Bauens,* Morgan Kaufmann, 2012

Joachim Schulz: *Sichtbeton Atlas: Planung – Ausführung – Beispiele – Regelwerke,* Vieweg + Teubner, Wiesbaden 2009

René Walther: *Bauen mit Beton: Einführung für Architekten und Bauingenieure,* Ernst, Berlin 1997

BILDNACHWEIS

Abbildungen 11, 14, 15: nach Vorlage aus dem Skript des Lehrgebietes
   Baukonstruktion und Entwerfen an der Universität Siegen
Abbildung 31: Arbeiten von Studierenden aus dem ersten Semester,
   Lehrgebiet Baukonstruktion und Entwerfen, Universität Siegen
Abbildungen 1, 2, 8, 13, 17 (zum Teil), 18, 20, 21, 24, 26, 39, 45:
   Prof. Dr.-Ing. Bert Bielefeld
Alle anderen Abbildungen: Katrin Hanses

DIE AUTORIN

Katrin Hanses, M. A., Architektin, ist wissenschaftliche Mitarbeiterin am Lehrgebiet Baukonstruktion und Entwerfen an der Universität Siegen und Inhaberin des Architekturbüros studio h in Köln.

Reihenherausgeber: Bert Bielefeld
Konzept: Bert Bielefeld, Annette Gref
Lektorat: Thomas Menzel
Projektkoordination: Petra Schmid
Layout und Covergestaltung: Andreas Hidber
Satzherstellung und Produktion: Amelie Solbrig

Library of Congress Cataloging-in-Publication data
A CIP catalog record for this book has been applied for at the Library of Congress.

Bibliografische Information der Deutschen Nationalbibliothek
Die Deutsche Nationalbibliothek verzeichnet diese Publikation in der Deutschen National-bibliografie; detaillierte bibliografische Daten sind im Internet über http://dnb.dnb.de abrufbar.

Dieses Buch ist auch in englischer Sprache erschienen (ISBN 978-3-0356-0362-0).

© 2015 Birkhäuser Verlag GmbH, Basel
Postfach 44, 4009 Basel, Schweiz
Ein Unternehmen der Walter de Gruyter GmbH, Berlin / Boston

Gedruckt auf säurefreiem Papier, hergestellt aus chlorfrei gebleichtem Zellstoff. TCF ∞

Printed in Germany

ISBN 978-3-0356-0361-3

9 8 7 6 5 4 3 2 1

www.birkhauser.com